# 《正五行擇日精義進階》

繼大師

# 自序

繼大師

繼正五行擇日精義初中階二書出版後，實已將擇日古法重新演繹了一遍，但擇日之法，乃是時間之選擇，雖然書中有論述坐山與祭主本命之配合，深覺仍欠圓滿，例如在造葬選時方面，若使用太陽到向配合，可以選擇在該時辰中指定的那一分鐘來用事，這可使在擇日選時方面更為精確細緻。

本書內容，述說如下：

在陰宅造葬中，用太陰星到山到向，化解諸多凶煞，説明正五行擇日法之來源及其重要性，祭主與坐山的配法，盲年及雙春兼閏月的概念。

在陽宅的祭祀方面，以祭主申請批件、訴訟、化解官非等事，可專取月空吉方用事，以求達到成功。

在祭主懺悔求福方面，可取赦原星及天赦日，或取飛宮天赦飛泊吉方，配合日課，以求達到罪宥消衍而增添福祿。

另外，天象時空交接點二，切勿用事，時間交接點為時煞，方位及方向交接點為向煞及方煞，切忌用事而招致凶險。

以上各項用事，均以正五行擇日為根本，再選取以上用事類別而配合之，但不論所求何事，一定要有下例條件：

（一）祭主之誠心誠意，其發心真誠是首要條件，是重法也。

（二）盡人事以應天命，即祭主本人除求入世利益之事外，更要本人後天盡力而為也，如求福祿者要本人多修善功，增加福份，若然所求之願未成功，則宜多行善業，並發下善願而身體力行之。

（三）擇日用事之人，本身應具備功德及福德力，與人擇日，是給人賜福，若然用擇日作事業為生，除本身多行善業外，亦應將收入之一部份作慈善事業，作為給予當事人之功德迴向，這則福澤綿長，是擇日師之福德力。

繼大師認為以上三者俱備，所求願望多可如願，當人們求入世利益時，如命中沒有，

亦不可強求，唯有積善德滿數後再求之，否則是空求，願不能達成。在台灣八十年代有一聖德雜誌社，是扶乩之著作，乩筆是楊生，降乩是濟佛，其中述說關於撥命改運背後之真實原理，現將其大意述說如下：

（一）祭主當事人，其人命運在卅多歲時失運，事事不如意，該人即請風水師改其風水，並擇日修造，改造風水後，果然大大轉運，事事順境如意，究竟是何解呢？原來當事人本身注定在卅多歲失運，而在六十多歲行好運，一生衣食已定，是先天命運之數，今以風水擇日改運後，其人先天命數轉移，變成卅多歲行好運，六十多歲行敗運，若然該人在卅多歲轉成佳運時，能夠把握時運，行濟施慈善等佈施功德，行持不斷，當以長時間而行善德，則其人至六十多歲時，其惡運自然可大大改變而渡過危厄，信佛道者更可持經誦咒，以經咒之力加持，最後修持個人之心性更佳。

相反，若該人在卅多歲改成好運後，不懂修福積善，到六十多歲且惡運來臨時，其人晚年命運則更加坎坷，最壞者就是年老多病，若受病苦折磨則生不如死，極之難受。

（二）第二個可能性，是給人改造風水或擇日修造者，有責任背負別人之因果業力，所謂：「受人錢財。替人擋災。」若風水師本身未具功德力而妄自為之，日積月累後，其

人必多病、諸事不順、短壽、無子或傷殘不等，嚴重者延禍子孫。但亦有例外，如風水師前生修來極大功德，今生雖不修福，亦可以此為業，也許是天職吧！但亦要視乎祭主之福份而以風水酌量輔助之，這是風水師自保之法。

以上概論，是繼大師個人之經驗及見解，若未來，有人把這正五行擇日法初、中階及進階等書自讀鑽研，或以此擇日法為職業的話，繼大師則奉勸諸君各位，與人擇日改運者，會出現以上兩大點之情況，所以繼大師不懼怕將擇日真訣公諸於世，法是中性，沒有善惡，是方便法，善惡是從人之心變化而湧現，使用擇日法可以助人積善緣，但亦可用擇日法斂人錢財而利一己之私，筆者在此聲明：

**凡使用此書為善者福德自享**

**凡使用此書為惡者惡果自受**

本人繼大師是公開正五行擇日之秘法與大眾結緣，至於人們如何使用此書，則天堂地獄隨君選擇，本人再次聲明：

使用本書擇日助人，或利用本書學問教授別人而斂財，或使用本書給人擇日斂財者，所有因果自行負責，與作者繼大師無關。

繼大師寫於香港明性洞天
庚辰年季冬吉日

# （一）此書之用法

繼大師

《正五行擇日精義進階》一書，首述擇日在風水上的重要性、造命法的來由、配人命及山命法、盲年與雙春兼閏月的原理，加上用西元紀年年份的方法，去尋找該年的天干地支。其次是根據胡暉先生所著《選擇求真》作理據而撰寫成，以正五行日課之補龍、扶山及相主為主，以太陽、太陰、赦原星、天赦日、飛宮天赦、月空方、大小月建等神煞到吉方宮位為輔助，兩者同用，配合坐山修方及祭主人命使用之。

全書解釋各項選取吉方之原理，加上圖表，可作查閱使用之，再以正五行擇日日課為例，所有圖表大部份是筆者自行設計，在各項例子中加入繼大師個人之經驗，務使讀者易學易明，其中所提倡之用法原理，不乏有恩師 呂克明先生之心傳口訣，正是：

**書中有擇日理據**
**理據中附設圖表**
**圖表加經驗例子**
**演繹有先師真訣**

此書可謂將擇日之法盡揭無遺，並無隱瞞擇日之秘，將先師所傳擇日之心要口訣，全公諸於世，望有緣讀者：

得之！

惜之！

善用之！

《本篇完》

## （二）擇日在風水上的重要性

繼大師

一般學風水的人，他們大部分都有兼學其他術數，如八字批命、掌相、鐵板神數等，而研習風水的人，有些對「擇日」這門學問有所忽視，甚至看不起它。

「擇日」是選取吉祥時間，以「扶山相主」為目的，「扶山」之「山」是指陰宅墳碑墓穴之坐山，或陽居大廈單位的坐山，或神廟、神位、工作室之坐方和吉方。

「相主」是用日課的五行，去生旺福主出生年份的干支五行，以求達到曾加福主的福份。

天時 —— 擇日是操控時間上五行的吉凶。

地利 —— 穴位或地方位置，是主宰巒頭（地方上的形勢）上的吉凶。

地利中的空間 —— 羅盤上的廿四山、廿八宿度及三元六十四卦（360 度方向），是操控方位及方向上的吉凶。

人和——人事上的關係。

當「天時、地利」都具備了的時候，自然能夠得到「人和」，而達到事事順利，這當然要自己本身行于正道，及盡力而為，正因為有地氣和大時代運勢的輔助，一切皆顯得如意暢順。

有人提出兩個問題：

**問題（一）為何擇日的「扶山」使用廿四山的座標，很明顯和八卦的方位不同？**

**答覆的是**：最初羅盤只用六十四卦方向去定陰陽的吉凶，後來楊筠松先師將方位，依照河圖洛書之數，加上八天干——「甲、乙、丙、丁、庚、辛、壬、癸」，由於「戊、己」屬於中土，故沒有方向，所以刪除，再加上十二地支，最後加上四隅方的「乾、坤、艮、巽」卦，共成廿四格方位，依照其所屬的五行方位，刻于羅盤之上，得使方向有它的所屬五行，是為「陰陽五行學」。

八卦只有陰陽之吉凶，而沒有五行的屬性，羅盤加上廿四山的陰陽五行，是方向及方

位的五行代表，這顯得更加圓滿，筆者繼大師認為，世界萬事萬物都有陰陽及五行的屬性，以時間的五行屬性，去配合方向及方位的五行屬性，這是時間與方向方位的配合。

在八卦卦線中之一二三四為陰，六七八九為陽，以向度分陰陽。山不動為陰，水流動為陽，亦分陰陽，兩者的陰陽互相配合，它主宰着穴位或陽居向度之吉凶 。在三元卦運中，以廿年為一小運，六十年為一大運，巒頭形勢配合卦運，吉凶立見。

這些六十四卦的元運，是配合地運而行，並不同于廿四山之時運，擇日造葬亡者，等同生人出生的時辰八字一樣，亡者造葬，可以選擇日子，等同亡命之再造，故稱為〈正五行擇日造命法〉，但生人不可以，除非開刀剖腹生子，但能夠選擇的時段範圍很短。

看八字，得知其命，先天生來，加上時代性（生長年代）的運，兩者合併，就是命運。若命好，但生不逢時，亦是枉然，例如生活在戰爭或飢荒的國度裡，這個是身不由己的。故此，用正五行擇日，配以廿四山五行，卦之元運，配以山水形勢而定出吉凶。

**問題（二）：廿四山的五行定吉凶。坐山的五行，明顯與所收的方向吉凶無關，這又如何解釋呢？**

**答覆的是**：表面上看來，廿四山的五行，與八八六十四卦所收的立向吉凶無關，如果這樣說的話，就等于強行將「時間與空間」分割出去，「時間與空間」就是形成宇宙的要素，詞典中說：「十方上下叫宇。古往今來叫宙。宇宙是時間與空間的統稱。」

總括一句，擇日是天時的五行，卦向是地運中方向的陰陽。兩者配合，成為〈陰陽五行〉，于是萬物就會化生，吉凶在其間矣。

《沈氏玄空學》〈卷六〉，蔣大鴻地師弟子姜垚先生著《從師隨筆》（第八五八頁）內有云：

師（指蔣大鴻地師）授以天星選擇（即七政四餘天星擇日法）謂之曰：

**「巒頭不佳。理氣不合。天星亦無用。巒頭本也。理氣末也。天星末之又末也。」**

此段重點分為三個次第：

（一）**無論是陽宅或是陰宅，皆以巒頭形勢為主。**

（二）**坐山向度為輔助。**

（三）**擇日為助力。**

蔣大鴻地師並沒有把擇日放棄，他在《天元歌五章》（武陵出版之《相地指迷》〈卷之二〉第六十一頁）有云：

**「地利天時古聖言。堪輿兩字義相連。浪說江南無大地。但取年月日時利。真龍大地遍江南。也要天時一力添。初年禍福天時驗。歲久方知地有權。」**

蔣氏說明，地氣為主，應驗在後而且持久，擇日為助力，應驗在先而且短暫，這見解是明白其「先後、輕重、次第」之實況，蔣氏並未曾放棄擇日學，是明白風水中的整個關係也。巒頭形勢、坐山向度及擇日的助力，正是風水上的整套功夫，三者不可偏廢。

曾經見過有一平房陽宅在九龍牛池灣，有一婦人對筆者繼大師說，她家門口加建頂蓋，又在門口對出的一道牆壁加建掛衣物的架，那年春天修建，到夏天，她先生在深圳因交通意外而身亡，翻查時間，其修建之方向、方位，剛剛犯上是年之三煞及五黃，因為犯上「時間」在方位上的煞，故有意外發生。

這與風水有關係，因為門向剛好是八運煞向，而在修造時，犯上三煞五黃，故此引發凶險的事件發生。壞的風水，好比「炸彈」，方位及方向，好比「炸藥引」，擇日比喻

「點火」，三者合一，災難怎能逃得脫呢！

相反地，好的風水地方，好比一箱黃金珍寶，方位及方向，就如盛滿黃金而上了鎖的箱子，擇日就如一條鎖匙，把寶藏打開來用。在此，勸勉有意學習風水的朋友們，擇日這門學問，不可輕視，更不可廢。

《本篇完》

## （三）造命法之來由

繼大師

造命法是擇日法之一種，專以十天干及十二地支為主，以天干地支之組合而產生六十個干支，稱為六十花甲。它具備陰陽和五行之符號，配在年、月、日、時之中，產生四柱八字之數據，但不是用作推算人之命運，而是配合人之生年及用事之方位坐向，使用在造葬、重修、建屋方面，使人、地更加生旺吉祥，即是以時（擇日）空（吉凶方位之選取）無形之力量而增加人們之入世利益。

由於造命法是以正五行為主，所以又稱正五行擇日造命法，是以時空之天機玄秘力量與人及地三者之配合，是為：

天 ——— 正五行擇日造命法

地 ——— 陰陽二宅之方位及坐向

人 ——— 陽居生人及造葬之陰人

由於時間之選取能具有宇宙之玄秘力量，故此在人們死後，選時擇日而埋骨殖入於黃土，是亡人有再生之義，在佛教之因果輪迴說法上，是人死即鬼生（假若投生為鬼道），鬼死即人生（靈界投生為人），而擇日造葬，是可以由自己選擇時間而造，是為自造葬命，故稱為：「造命法」。

在《選擇求真》卷一之《選擇論》（玄學出版社第十一至十二頁）有云：

**「何為造命。夫人生有命。死安有命耶。蓋言人死歸土。選合佳期。猶亡人再生之命也。又曰生人之命。受稟於天。不能自我而造。造葬之命可自我造。故曰造命。」**

在唐代有楊筠松風水師著有《造命千金歌》及《疑龍經》，內有擇日之使用原理，並用作扶助坐山及龍命（來龍之方），補祭主（福主）之年命，以此而邀福也。

在宋朝亦有吳景鸞地師著有《天機書表》，內有說明造命法之妙用，是可奪神功也，而楊公推行造命法之後，歷代地師、日師均採用之，故此是古法也。筆者繼大師及本人之同門，均得到恩師　呂克明先生之傳授，故極力提倡這造命法，因以正五行為主，所以稱為：

**《正五行擇日造命法》**

《本篇完》

# （四）正五行擇日造命法用法概念

繼大師

子平八字命理與楊公之造命擇日法，其基本理論大致相同，均是使用天干地支之數，將日子轉成八字四柱，以正五行之生剋刑衝而論吉凶，兩者之使用法如下：

子平八字 —— 以天干地支四柱八字排出人之生辰，以日元為中心，其他三柱六字作喜忌，取用神，排以大、小及流年各運而推算個人之命運，人既出生後，其八字已定，是「定數」。

造命擇日 —— 以干支四柱八字之選取，以干支正五行之數，取其格局生旺坐山、龍命及祭主，務求達到增加人們之福祿，由於用事之日可以選擇取捨，故此是「非定數」。

一般學習八字的人，往往會習慣用子平八字之用法而使用在擇日造命法上，以筆者繼大師之個人經驗而言，擇日與八字命理，在使用法上實有分開之必要，兩者用法不同，須獨立使用，其主要分別是：

子平命理 —— 以日主為中心推算個人命運。

造命擇日——雖以日主為重，但以四柱八字之格局為主，配以坐山及祭主，是謂「扶山相主」。

古時以楊公所傳下之《正五行擇日造命法》為主流，後演變成三種使用法，茲列如下：

（一）用日課四柱八字生旺祭主人命之四柱八字生辰，以衰旺喜忌配之（非傳統古法）。

（二）用日課四柱八字生旺祭主出生之日元（清至今皆有）。

（三）用日課四柱八字生旺祭主出生年命而不須理會祭主生辰八字之喜忌，（此是傳統古法）。

究竟那一種用法適合而實用呢？這便是各師各法，但從學術角度來看，傳統古法已被古人所肯定，而清朝之欽天監（皇室御用並主掌術數天文）為皇帝而使用傳統古法配之（即以上第三種），在清朝嘉慶年間，由胡暉先生所著之《選擇求真》卷二之《論相生》中（玄學出版社第四十四至四十五頁）有云：

**「安國朝（清、嘉慶）現行則例。欽天監奏請以龍造係甲午年生。若歲逢甲午。是本命年辰也。歲逢庚子。則立沖本命也。京師禁止蓋造大修。是論生年也。」**

又曰：**「相主者何。以四柱八字。輔助主人之命也。從來皆論生年。不論生日。有論生日者。非古法也。」**

在此段文字之傍，有註解一段如下：**「廖元素曰。康熙丙辰年間。廣州李氏用生命日主擇嫁娶。日期誤人甚眾。後目擊其子孫三世痼疾。此天報也。至丁丑新安陳氏亦引推命書。用日主以選擇。幸江南有識力者眾排斥之。故得未行耳。此乃俗術欲炫奇惑眾昧。前賢之旨以害于世也。」**

讀此段文字，發覺在康熙時代（三佰多年前），在擇日造命法中，其用法各異，為術數中人所爭議，而用祭主生年年命，或用祭主四柱八字之喜忌，或用祭主之日柱為主而配以日課四柱等，皆為現今術數界所使用，筆者在十多年前（現為二〇〇〇年），隨恩師呂公克明先生學習正五行擇日造命法時，同門師兄弟中，多有精於命理八字、掌相、斗數、擇日、甚至風水等學問，同門中亦有提出擇日相配祭主之問題，而呂師之答案是：

依照擇日傳統古法，以日課四柱八字，配以祭主（用事人）之出生年命，加上日課不得沖破祭主之：

（一）命宮
（二）胎元

此「命宮」及「胎元」之說法，筆者暫不見出現於古今之正五行擇日書籍中，唯呂師是提倡使用此法之第一人，此剛好代替祭主之八字五行喜忌及日元等之說法。

曾經有一位同門擇日造葬祖先，造葬後，夢見他的祖先與其親妹相衝，約數年後，其親妹子宮生有七粒水瘤，僥倖是良性，經施手術後無大礙，但所受病苦的折磨，已經數年矣！當翻查造葬日課，正天尅地衝其妹的生年命，由此可見，日課不可衝年命，胎元更不可衝，尤其是女性，更為甚也。

筆者繼大師使用日課四柱配祭主之生年，其原因如下，茲列出以供讀者參考：

（一）傳統古法，而清、欽天監為皇帝擇吉重修宮殿時所使用。

（二）擇日古籍中有記載用祭主生日干支相配而致誤人之事（選擇求真卷二論相生）。

（三）師傳。

（四）經驗——呂師曾擇一日課給同門造葬亡父，數年後，該同門生一子，其生辰八字之月、日、時天干分別與造葬日課之月、日、時天干相合，有証有驗，這當然要墳穴得地氣為首要條件，而日課是加添其力量，向度亦要當旺，三者互配，必有應驗，這三者之輕重是：

**首要**——墳穴是真龍真穴，如不是真結亦必須得地氣，或是安金地（平安地），或沒有巒頭形煞沖尅。

**其次**——局向得生旺之氣，沒有理氣向煞。

**三者**——得日課生旺龍、山及祭主（時空之氣）。

而陽宅亦與陰宅相似，其分別者，是陽宅得元空生旺之氣，陰宅重地氣，陽宅以坐山為主，在入伙時得日課生旺，亦可得一時之吉慶也。

《本篇完》

# （五）論盲年與雙春兼閏月

繼大師

在農曆曆法之編排上，有盲年及雙春兼閏月之年的分別，茲述如下：

盲年 —— 以農曆每年之正月初一至十二月卅（或廿九），其間沒有立春之節氣出現，便屬於盲年。例如二〇〇〇年庚辰年，其上一年及接著之一年之立春日不在庚辰年中出現，即是：

上一年之立春日 —— 己卯年十二月廿九日晚上八時四十一分，陽曆二〇〇〇年二月四日。即由立春日便交接到庚辰年，而立春日出現於己卯年。

下一年之立春日 —— 辛巳年正月十二日凌晨二時廿九分，陽曆二〇〇一年二月四日。即由此立春日開始便屬於辛巳年的開始，但立春交接日出現於辛巳年。

在庚辰年中並沒有出現任何立春日，在擇日之用法上，是以立春日為一年之開始，在計算生人之出生年份亦如是。

雙春兼閏月——該年由農曆正月初一至十二月卅（或廿九、廿八不等），其間出現有兩個立春日，又出現閏月即是。例如二〇〇一年辛巳年有兩個立春日如下：

第一個立春日——辛巳年正月十二日凌晨二時廿九分，陽曆二〇〇一年二月四日，由此立春日開始即屬辛巳年。

第二個立春日——辛巳年十二月廿三日早上八時廿四分，陽曆二〇〇二年二月四日，由此立春日開始即屬壬午年。

在辛巳年間出現有兩個立春日，連接上下之年，是謂之雙春。

在二〇〇一年辛巳年是閏農曆四月，所以辛巳年是「雙春兼閏月」之一年。

**閏月之原理**

由於農曆以月球環繞地球一週作一月之計算為基礎，農曆一個月的長度平均是廿九天半，稱為朔望月，地球環繞太陽一週稱之為一年，根據由劉寶琳所編之袖珍干支月曆，由

紫金山天文臺提供的資料，平均每年三百六十五日五小時四十八分四十六秒，一個朔望月平均有廿九日十二小時四十四分零三秒。

劉寶琳先生在附錄農曆中說：

**「農曆的十二個月有三百五十三天、三百五十四天或三百五十五天。一回歸年是三六五點二四二二天，比農曆的十二個月約多十天或十一天。所以大概每三年要加一個閏月。……十九年之中有七個閏月。」**

至於選取閏月方面，其安排之原理，要視乎那個月沒有中氣，例如二〇〇四年甲申年，農曆二月初一至卅（二〇〇四年陽曆二月廿日至三月廿日），當中有春分之中氣（陽曆三月廿日），但農曆閏二月初一至廿九（二〇〇四年甲申年陽曆三月廿一至四月十八日），其間只在陽曆四月四日出現清明節令，穀雨在陽曆四月廿日。

這樣，在沒有中氣之農曆月內，便是閏月，剛在農曆二月後出現，所以在沒有中氣之月，便是閏農曆二月。

在一般人心目中，「雙春兼閏月」是十分好意頭的，而盲年是沒有立春出現，兩者是基於曆法之編排上而產生的。

至於在嫁娶方面，筆者認為，如能在雙春兼閏月之年嫁娶最好，如果不能的話，在盲年結婚都沒有問題，但一定以正五行日課擇日為主，互相配合最好，這是繼大師個人之見解，諸君不妨一試。

《本篇完》

## （六）使用西元紀年尋天干地支法及原理

繼大師

農曆以十天干及十二地支所組成之六十甲子作農曆之干支，由甲子至癸亥六十花甲而循環不息。首先我們把天干配以數字，即：

「甲1、乙2、丙3、丁4、戊5、己6、庚7、辛8、壬9、癸10。」

其次再把十二地支配上數字，即：

「子1、丑2、寅3、卯4、辰5、巳6、午7、未8、申9、酉10、戌11、亥12。」

當我們翻查萬年曆得知公元前一年是「庚申年」，其數字是：

「庚7、申9。」

若公元一年，即天干以 7 數加 1 等於 8 是辛干，地支以 9 數加 1 等於 10 是酉，即公元一年是「辛酉年」。

所以，我們取 7 數是天干之基數，及取 9 數是地支之基數，可求出任何公元紀年之干支所屬。其公式是：

天干——公元年份除10之餘數加 7 等於天干之數（y除10之餘數）加 7 等於天干，若最後天干之數大於10，可再將這數減10，餘數便是天干所屬。

地支——公元年份除12之餘數加 9 等於地支之數（y除12之餘數）加 9 等於地支，若最後地支之數大於12，可再將這數減12，餘數便是地支所屬。

舉例如下：

若找一六一六年之所屬干支，其公式是：

（1616除10）之餘數是 6，加 7 等於13，餘數13減10等於3，3數是丙，天干「丙」也。

（1616除12）之餘數是 8，加 9 等於 17，17 減 12 等於 5，5 數之地支是「辰」。

因此，一六一六年是「丙辰」年。

例如找二二〇一年之干支：

天干數：2101 除 10 之餘數是 1，加 7 等於 8 是辛

地支數：2101 除 12 之餘數是 1，加 9 等於 10 是酉

所以二二〇一年之干支所屬是：辛酉年。

如此類推也。

《本篇完》

# （七）太陽星之用法及原理

繼大師

在使用正五行擇日造命法中，用日課四柱配合坐山、龍及祭主，以求達到扶山、相主及補龍，而令祭主得福，但若逢歲破、三煞、五黃及都天等煞，致日課四柱難以配合，這樣使用太陽星臨三合方或到向照之，可以化解此等凶煞。在《選擇求真》卷三之《太陽》（玄學出版社第七十四至七十五頁）有云：

**「太陽為萬宿之主。諸吉之宗。號星中天子。有人君之象。至尊至貴。照臨萬方。善宿遇之而增輝。惡曜逢之而斂伏。到山到向到方。大可修造安葬。然到向為上。到方次之。到山又次之。蓋到向則照我。而我有光輝。向榮之意。到方則拱我。到山惟帝王修造宮殿則宜。士庶家反不吉。恐難當其尊也。」**

以西洋曆法算，周天有三百六十度，以太陽行度，由冬至日開始，而冬至是北半球全年中最少日光之日，但由冬至開始，每日見陽光之時間便漸漸增加，即「冬至一陽生」，而地球環繞太陽公轉，地球所見日光最長之時間是在夏至，夏至之後，每日所見陽光之時間便漸漸減少，即「夏至一陰生」，而太陽之行度，由冬至日（節）開始，終於大雪（中氣）之末，週而復始。

由於地球繞太陽而行，在循環一週之時，每年在同一時間上，未必在同一空間中，而冬至之日已到，這樣地球與太陽之關係在自轉與公轉間便做成歲差，每歲所躔，古法記載是相差五十一秒，積至七十年間，方差一度。

「太陽到方表」撰於清、嘉慶年間（A.D. 1796 - 1820），至今約二百餘年，除以七十之數，約得三，則其太陽到方表與現今約差三度，而每一個廿四山有十五度，則仍有五分之四之準確性，而太陽逐節（每個節氣）所躔之度數每年是一樣的，只是分秒多少而歲差所不同矣，這便是太陽所照地球之方位角度一樣，但時間會有略差（輕微），這圖表之看法是繼大師個人之見解，現附列圖表，可供參考。

繼大師註：當校對期間，先後對稿六次，當出第二次藍稿後，再發覺古書內的《太陽到方表》內有很多錯誤的地方，幾經修改，搞盡心血，對稿始成，雖然比原定出版日期稍遲，但筆者繼大師把錯漏程度減到最少，嚴緊程度極高，對讀者們的交代，可謂盡心盡意，並留與後來學習者，把擇日學的文化延續。

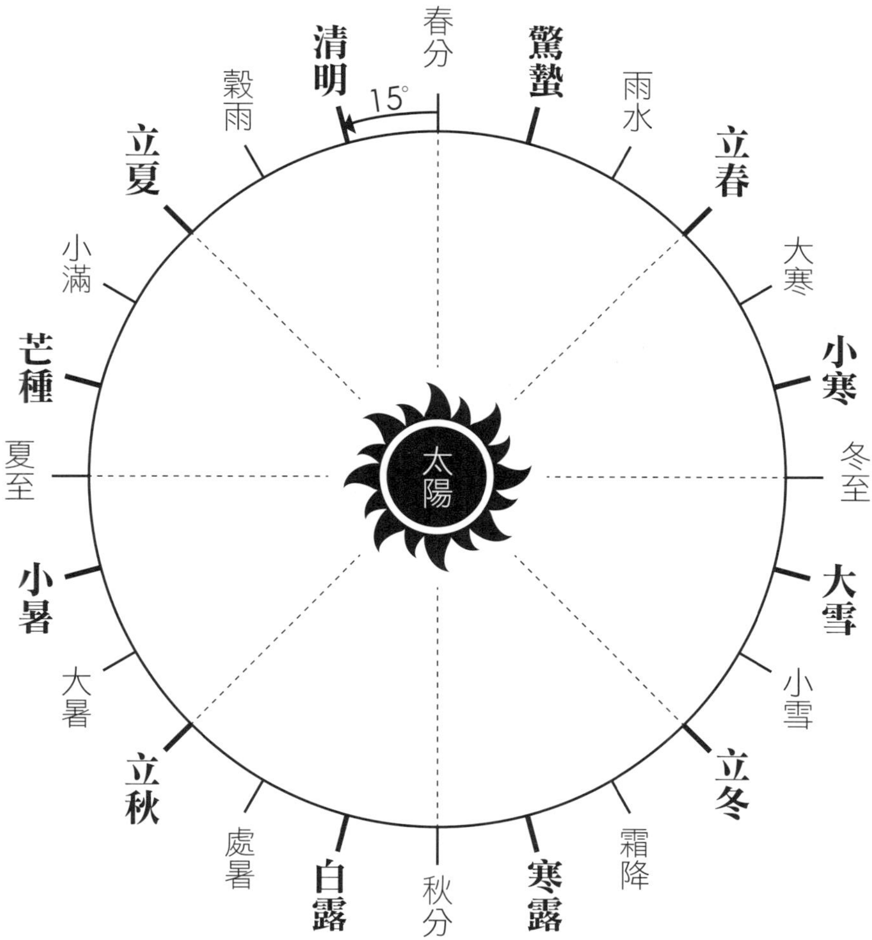

春分
驚蟄
雨水
立春
大寒
小寒
冬至
大雪
小雪
立冬
霜降
寒露
秋分
白露
處暑
立秋
大暑
小暑
夏至
芒種
小滿
立夏
穀雨
清明
15°
太陽

地球環繞太陽路綫圖表

地球繞太陽每運行十五度就有一個節氣

## 古代時辰的看法

傳統一個時辰是現代時間之兩個小時。

初時——是一個時辰中之最初一小時。

正時——是一個時辰中之最後一小時。

每一個時辰有八刻，每刻有十五分鐘，舉例如下：

例如午時初初刻，即北京標準時間上午十一時正至十一時十四分，而進入十五分，便是午時初一刻之開始，如此類推。

|  |  |  |
|---|---|---|
| 【午時（中午）】 | 初初刻 | 11:00 |
| | 初一刻 | 11:15 |
| | 初二刻 | 11:30 |
| | 初三刻 | 11:45 |
| | 正初刻 | 12:00 |
| | 正一刻 | 12:15 |
| | 正二刻 | 12:30 |
| | 正三刻 | 12:45 |

|  |  |  |
|---|---|---|
| 子時 | 初初刻 | 23:00 |
| | 初一刻 | 23:15 |
| | 初二刻 | 23:30 |
| | 初三刻 | 23:45 |
| | 正初刻 | 00:00 |
| | 正一刻 | 00:15 |
| | 正二刻 | 00:30 |
| | 正三刻 | 00:45 |

|  |  |  |
|---|---|---|
| 丑時 | 初初刻 | 01:00 |
| | 初一刻 | 01:15 |
| | 初二刻 | 01:30 |
| | 初三刻 | 01:45 |
| | 正初刻 | 02:00 |
| | 正一刻 | 02:15 |
| | 正二刻 | 02:30 |
| | 正三刻 | 02:45 |

|  |  |  |
|---|---|---|
| 寅時 | 初初刻 | 03:00 |
| | 初一刻 | 03:15 |
| | 初二刻 | 03:30 |
| | 初三刻 | 03:45 |
| | 正初刻 | 04:00 |
| | 正一刻 | 04:15 |
| | 正二刻 | 04:30 |
| | 正三刻 | 04:45 |

|  |  |  |
|---|---|---|
| 卯時 | 初初刻 | 05:00 |
| | 初一刻 | 05:15 |
| | 初二刻 | 05:30 |
| | 初三刻 | 05:45 |
| | 正初刻 | 06:00 |
| | 正一刻 | 06:15 |
| | 正二刻 | 06:30 |
| | 正三刻 | 06:45 |

| 辰時 | 初初刻 | 07:00 |
|---|---|---|
| | 初一刻 | 07:15 |
| | 初二刻 | 07:30 |
| | 初三刻 | 07:45 |
| | 正初刻 | 08:00 |
| | 正一刻 | 08:15 |
| | 正二刻 | 08:30 |
| | 正三刻 | 08:45 |

| 巳時 | 初初刻 | 09:00 |
|---|---|---|
| | 初一刻 | 09:15 |
| | 初二刻 | 09:30 |
| | 初三刻 | 09:45 |
| | 正初刻 | 10:00 |
| | 正一刻 | 10:15 |
| | 正二刻 | 10:30 |
| | 正三刻 | 10:45 |

| 午時 | 初初刻 | 11:00 |
|---|---|---|
| | 初一刻 | 11:15 |
| | 初二刻 | 11:30 |
| | 初三刻 | 11:45 |
| | 正初刻 | 12:00 |
| | 正一刻 | 12:15 |
| | 正二刻 | 12:30 |
| | 正三刻 | 12:45 |

| 未時 | 初初刻 | 13:00 |
|---|---|---|
| | 初一刻 | 13:15 |
| | 初二刻 | 13:30 |
| | 初三刻 | 13:45 |
| | 正初刻 | 14:00 |
| | 正一刻 | 14:15 |
| | 正二刻 | 14:30 |
| | 正三刻 | 14:45 |

| 申時 | | |
|---|---|---|
| | 初初刻 | 15:00 |
| | 初一刻 | 15:15 |
| | 初二刻 | 15:30 |
| | 初三刻 | 15:45 |
| | 正初刻 | 16:00 |
| | 正一刻 | 16:15 |
| | 正二刻 | 16:30 |
| | 正三刻 | 16:45 |

| 酉時 | | |
|---|---|---|
| | 初初刻 | 17:00 |
| | 初一刻 | 17:15 |
| | 初二刻 | 17:30 |
| | 初三刻 | 17:45 |
| | 正初刻 | 18:00 |
| | 正一刻 | 18:15 |
| | 正二刻 | 18:30 |
| | 正三刻 | 18:45 |

| 戌時 | | |
|---|---|---|
| | 初初刻 | 19:00 |
| | 初一刻 | 19:15 |
| | 初二刻 | 19:30 |
| | 初三刻 | 19:45 |
| | 正初刻 | 20:00 |
| | 正一刻 | 20:15 |
| | 正二刻 | 20:30 |
| | 正三刻 | 20:45 |

| 亥時 | | |
|---|---|---|
| | 初初刻 | 21:00 |
| | 初一刻 | 21:15 |
| | 初二刻 | 21:30 |
| | 初三刻 | 21:45 |
| | 正初刻 | 22:00 |
| | 正一刻 | 22:15 |
| | 正二刻 | 22:30 |
| | 正三刻 | 22:45 |

| 【大寒/小雪】 | |
|---|---|
| 24山 | 太陽到時 |
| 子 | 23:49 |
| 癸 | 00:11 |
| 丑 | 00:34 |
| 艮 | 01:01 |
| 寅 | 01:36 |
| 甲 | 02:25 |
| 卯 | 03:35 |
| 乙 | 05:06 |
| 辰 | 06:44 |
| 巽 | 08:13 |
| 巳 | 09:29 |
| 丙 | 10:34 |
| 午 | 11:32 |
| 丁 | 12:28 |
| 未 | 13:26 |
| 坤 | 14:31 |
| 申 | 15:47 |
| 庚 | 17:19 |
| 酉 | 18:54 |
| 辛 | 20:25 |
| 戌 | 21:35 |
| 乾 | 22:24 |
| 亥 | 22:59 |
| 壬 | 23:23 |

| 【小寒/大雪】 | |
|---|---|
| 24山 | 太陽到時 |
| 子 | 23:50 |
| 癸 | 00:10 |
| 丑 | 00:31 |
| 艮 | 00:56 |
| 寅 | 01:27 |
| 甲 | 02:13 |
| 卯 | 03:20 |
| 乙 | 04:51 |
| 辰 | 06:31 |
| 巽 | 08:04 |
| 巳 | 09:23 |
| 丙 | 10:30 |
| 午 | 11:31 |
| 丁 | 12:29 |
| 未 | 13:30 |
| 坤 | 14:37 |
| 申 | 15:56 |
| 庚 | 17:29 |
| 酉 | 19:09 |
| 辛 | 20:40 |
| 戌 | 21:47 |
| 乾 | 22:33 |
| 亥 | 23:05 |
| 壬 | 23:28 |

| 【冬至】 | |
|---|---|
| 24山 | 太陽到時 |
| 子 | 23:50 |
| 癸 | 00:10 |
| 丑 | 00:30 |
| 艮 | 00:53 |
| 寅 | 01:24 |
| 甲 | 02:08 |
| 卯 | 03:15 |
| 乙 | 04:45 |
| 辰 | 06:27 |
| 巽 | 08:00 |
| 巳 | 09:21 |
| 丙 | 10:29 |
| 午 | 11:30 |
| 丁 | 12:30 |
| 未 | 13:36 |
| 坤 | 14:39 |
| 申 | 16:00 |
| 庚 | 17:33 |
| 酉 | 19:15 |
| 辛 | 20:45 |
| 戌 | 21:52 |
| 乾 | 22:36 |
| 亥 | 23:07 |
| 壬 | 23:30 |

| 【驚蟄/寒露】 | |
|---|---|
| 24山 | 太陽到時 |
| 子 | 23:43 |
| 癸 | 00:17 |
| 丑 | 00:38 |
| 艮 | 01:34 |
| 寅 | 02:23 |
| 甲 | 03:27 |
| 卯 | 04:48 |
| 乙 | 06:18 |
| 辰 | 07:45 |
| 巽 | 09:00 |
| 巳 | 10:00 |
| 丙 | 10:53 |
| 午 | 11:38 |
| 丁 | 12:22 |
| 未 | 13:07 |
| 坤 | 14:00 |
| 申 | 15:00 |
| 庚 | 16:15 |
| 酉 | 17:42 |
| 辛 | 19:12 |
| 戌 | 20:45 |
| 乾 | 21:37 |
| 亥 | 22:26 |
| 壬 | 23:07 |

| 【雨水/霜降】 | |
|---|---|
| 24山 | 太陽到時 |
| 子 | 23:45 |
| 癸 | 00:15 |
| 丑 | 00:46 |
| 艮 | 01:22 |
| 寅 | 02:06 |
| 甲 | 03:04 |
| 卯 | 04:21 |
| 乙 | 05:52 |
| 辰 | 07:23 |
| 巽 | 08:43 |
| 巳 | 09:49 |
| 丙 | 10:45 |
| 午 | 11:36 |
| 丁 | 12:24 |
| 未 | 13:15 |
| 坤 | 14:11 |
| 申 | 15:17 |
| 庚 | 16:37 |
| 酉 | 18:08 |
| 辛 | 19:39 |
| 戌 | 20:58 |
| 乾 | 21:54 |
| 亥 | 22:38 |
| 壬 | 23:12 |

| 【立春/立冬】 | |
|---|---|
| 24山 | 太陽到時 |
| 子 | 23:47 |
| 癸 | 00:13 |
| 丑 | 00:39 |
| 艮 | 01:10 |
| 寅 | 01:50 |
| 甲 | 02:43 |
| 卯 | 03:55 |
| 乙 | 05:27 |
| 辰 | 07:03 |
| 巽 | 08:27 |
| 巳 | 09:38 |
| 丙 | 10:39 |
| 午 | 11:34 |
| 丁 | 12:26 |
| 未 | 13:21 |
| 坤 | 14:22 |
| 申 | 15:34 |
| 庚 | 17:06 |
| 酉 | 18:18 |
| 辛 | 20:05 |
| 戌 | 21:16 |
| 乾 | 22:10 |
| 亥 | 22:50 |
| 壬 | 23:18 |

| 【穀雨/處暑】 | |
|---|---|
| 24山 | 太陽到時 |
| 子 | 23:36 |
| 癸 | 00:24 |
| 丑 | 01:15 |
| 艮 | 02:11 |
| 寅 | 03:18 |
| 甲 | 04:38 |
| 卯 | 06:09 |
| 乙 | 07:39 |
| 辰 | 08:56 |
| 巽 | 09:55 |
| 巳 | 10:39 |
| 丙 | 11:14 |
| 午 | 11:45 |
| 丁 | 12:15 |
| 未 | 12:46 |
| 坤 | 13:22 |
| 申 | 14:05 |
| 庚 | 15:04 |
| 酉 | 16:21 |
| 辛 | 17:51 |
| 戌 | 20:09 |
| 乾 | 20:42 |
| 亥 | 21:49 |
| 壬 | 22:45 |

| 【清明/白露】 | |
|---|---|
| 24山 | 太陽到時 |
| 子 | 23:38 |
| 癸 | 00:22 |
| 丑 | 01:08 |
| 艮 | 01:59 |
| 寅 | 03:00 |
| 甲 | 04:15 |
| 卯 | 05:42 |
| 乙 | 07:16 |
| 辰 | 08:36 |
| 巽 | 09:36 |
| 巳 | 10:28 |
| 丙 | 11:07 |
| 午 | 11:43 |
| 丁 | 12:17 |
| 未 | 12:53 |
| 坤 | 13:34 |
| 申 | 14:23 |
| 庚 | 15:24 |
| 酉 | 16:47 |
| 辛 | 18:18 |
| 戌 | 20:22 |
| 乾 | 21:00 |
| 亥 | 22:01 |
| 壬 | 22:52 |

| 【春分/秋分】 | |
|---|---|
| 24山 | 太陽到時 |
| 子 | 23:40 |
| 癸 | 00:20 |
| 丑 | 01:01 |
| 艮 | 01:47 |
| 寅 | 02:42 |
| 甲 | 03:51 |
| 卯 | 05:15 |
| 乙 | 06:46 |
| 辰 | 08:10 |
| 巽 | 09:19 |
| 巳 | 10:14 |
| 丙 | 11:00 |
| 午 | 11:41 |
| 丁 | 12:19 |
| 未 | 13:00 |
| 坤 | 13:46 |
| 申 | 14:41 |
| 庚 | 15:50 |
| 酉 | 17:15 |
| 辛 | 18:45 |
| 戌 | 20:33 |
| 乾 | 21:18 |
| 亥 | 22:13 |
| 壬 | 23:00 |

| 【芒種/小暑】 | |
|---|---|
| 24山 | 太陽到時 |
| 子 | 23:31 |
| 癸 | 00:29 |
| 丑 | 01:30 |
| 艮 | 02:37 |
| 寅 | 03:56 |
| 甲 | 05:29 |
| 卯 | 07:10 |
| 乙 | 08:40 |
| 辰 | 09:49 |
| 巽 | 10:33 |
| 巳 | 11:04 |
| 丙 | 11:34 |
| 午 | 11:50 |
| 丁 | 12:11 |
| 未 | 12:26 |
| 坤 | 12:56 |
| 申 | 13:27 |
| 庚 | 14:16 |
| 酉 | 15:20 |
| 辛 | 16:50 |
| 戌 | 18:31 |
| 乾 | 20:04 |
| 亥 | 21:23 |
| 壬 | 22:30 |

| 【小滿/大暑】 | |
|---|---|
| 24山 | 太陽到時 |
| 子 | 23:32 |
| 癸 | 00:28 |
| 丑 | 01:26 |
| 艮 | 02:31 |
| 寅 | 03:47 |
| 甲 | 05:17 |
| 卯 | 06:55 |
| 乙 | 08:30 |
| 辰 | 09:39 |
| 巽 | 10:25 |
| 巳 | 10:56 |
| 丙 | 11:29 |
| 午 | 11:49 |
| 丁 | 12:12 |
| 未 | 12:32 |
| 坤 | 13:01 |
| 申 | 13:35 |
| 庚 | 14:26 |
| 酉 | 15:35 |
| 辛 | 17:05 |
| 戌 | 18:43 |
| 乾 | 20:13 |
| 亥 | 21:29 |
| 壬 | 22:34 |

| 【立夏/立秋】 | |
|---|---|
| 24山 | 太陽到時 |
| 子 | 23:33 |
| 癸 | 00:27 |
| 丑 | 01:21 |
| 艮 | 02:22 |
| 寅 | 03:33 |
| 甲 | 05:07 |
| 卯 | 06:34 |
| 乙 | 08:04 |
| 辰 | 09:17 |
| 巽 | 10:11 |
| 巳 | 10:50 |
| 丙 | 11:21 |
| 午 | 11:48 |
| 丁 | 12:13 |
| 未 | 12:39 |
| 坤 | 13:10 |
| 申 | 13:49 |
| 庚 | 14:44 |
| 酉 | 15:56 |
| 辛 | 17:26 |
| 戌 | 18:53 |
| 乾 | 20:24 |
| 亥 | 21:38 |
| 壬 | 22:39 |

| 【夏至】 | |
|---|---|
| 24山 | 太陽到時 |
| 子 | 23:30 |
| 癸 | 00:30 |
| 丑 | 01:36 |
| 艮 | 02:40 |
| 寅 | 04:00 |
| 甲 | 05:34 |
| 卯 | 07:15 |
| 乙 | 08:45 |
| 辰 | 09:52 |
| 巽 | 10:37 |
| 巳 | 11:07 |
| 丙 | 11:38 |
| 午 | 11:52 |
| 丁 | 12:10 |
| 未 | 12:22 |
| 坤 | 12:53 |
| 申 | 13:23 |
| 庚 | 14:08 |
| 酉 | 15:15 |
| 辛 | 16:45 |
| 戌 | 18:26 |
| 乾 | 20:00 |
| 亥 | 21:20 |
| 壬 | 22:26 |

**「太陽到方表」之看法**

除「冬至」到「夏至」外，其餘每兩節氣是同一時間太陽到方，共有十一組即是：

「春分、秋分」，「驚蟄、寒露」，「雨水、霜降」，「立春、立冬」，「大寒、小雪」，「小寒、大雪」，「芒種、小暑」，「小滿、大暑」，「立夏、立秋」，「穀雨、處暑」，「清明、白露」。依廿四山方而查閱太陽到方的時間，配合正五行擇日法，可化解凶煞。

繼大師註：由於《選擇求真》一書內的「太陽到方表」所寫時間，部份內容不合邏輯，且錯漏百出，幾經辛苦，始把它重新整理，故此表僅供參考。

《本篇完》

# （八）用正五行擇日造命法配合太陽到方之使用方法

繼大師

舉一實例，修造墳穴或動工建屋，新店開幕或奠基等，其穴或屋是坐甲向庚，祭主是乙未年命，在二〇〇四年（甲申）用事。

其程序是：

（一）找出日課四柱八字而成格成局。

（二）再在日課所擇之時辰內找出太陽到向或其三合方，或坐山之三合方，並能配合穴或屋之坐山及人命。

日課擇於二〇〇四年（甲申）陽曆四月十一日申時，日課四柱是：

甲申　年
戊辰　月
庚申　日
甲申　時

其好處是：

（一）天上三奇甲、戊及庚，是順排於年、月及日，而時干亦是甲，是一等一之天上三奇格。

（二）地支三個申分別在於年、日、及時支上，是隔支三朋格，年及月支申、辰邀拱「子」，而「子」是乙未祭主天干之貴人，三合邀貴。

（三）四柱天干之甲、戊及庚，其貴人全在未命祭主上，而祭主年命之乙干，其貴人在日課之年、日及時之申支上，極之配合。

（四）甲山庚向，坐山甲干之祿在寅，正沖日課之年、日及時支「申」字上，是甲山之沖祿格，甲山之貴人又在祭主未支上，三者皆相配。

為了使日課更為精細完美，我們再加上太陽到向，以增添光輝而納福，查太陽到山圖表是：

（一）二〇〇四年陽曆四月四日十八時五十九分交清明節，而四月十一日申時初一刻〇九分，是太陽到廿四山中之庚山方，申時初一刻是下午三時十五分。

| 申時（下午） | | |
|---|---|---|
| | 初初刻 | 15:00 |
| | 初一刻 | 15:15 |
| | 初二刻 | 15:30 |
| | 初三刻 | 15:45 |
| | 正初刻 | 16:00 |
| | 正一刻 | 16:15 |
| | 正二刻 | 16:30 |
| | 正三刻 | 16:45 |

初一刻〇九分，即在下午三時廿四分正（15：24 pm），以用事間見太陽者為上上吉，這樣之配搭是很完美的，雖在二〇〇四年是五黃入中宮，三碧到震宮，七赤月星紫白飛臨，是三七相會，雖然在元末無着大士所著之《紫白原本錄要》（見《相地指迷》武陵出版第二四〇頁）中有云：

**「三七疊臨而劫盜。要見官災。」註解曰：「三碧是蚩尤星。七赤是破軍星。故主盜訟。」**

但是，在日課之天上三奇格、地支隔支三朋格，再加上太陽到向照之（謂之朝元），則一切自然吉祥，除非是陰宅中之墳穴在巒頭上犯了形煞，或理氣上立了黃泉八煞之向外，這作別論。這是繼大師個人之經驗。

在時空上之煞，則可由太陽到向化解之，這便是其吉凶斷法之層次，而太陽星之使用，亦是權宜之法，與造命法配合之，無往而不利，若然不能配合，亦以正五行擇日造命格局為主，其他為輔助法。

《本篇完》

## （九）擇日遇空亡之化解法

繼大師

在六十花甲之中，十個天干配十二地支而成六十甲子，由於天干十個，由甲至癸之天干在相配地支時，在每一組十天干之中，有兩個地支剩餘，這兩個地支稱為「空亡」，在六十花甲中有六組之十天干（甲至癸），每一組天干（連地支）稱為旬，六旬及其他地支之空亡如下：

| | 甲子旬 | 甲戌旬 | 甲申旬 | 甲午旬 | 甲辰旬 | 甲寅旬 |
|---|---|---|---|---|---|---|
| | 甲子 | 甲戌 | 甲申 | 甲午 | 甲辰 | 甲寅 |
| | 乙丑 | 乙亥 | 乙酉 | 乙未 | 乙巳 | 乙卯 |
| | 丙寅 | 丙子 | 丙戌 | 丙申 | 丙午 | 丙辰 |
| | 丁卯 | 丁丑 | 丁亥 | 丁酉 | 丁未 | 丁巳 |
| | 戊辰 | 戊寅 | 戊子 | 戊戌 | 戊申 | 戊午 |
| | 己巳 | 己卯 | 己丑 | 己亥 | 己酉 | 己未 |
| | 庚午 | 庚辰 | 庚寅 | 庚子 | 庚戌 | 庚申 |
| | 辛未 | 辛巳 | 辛卯 | 辛丑 | 辛亥 | 辛酉 |
| | 壬申 | 壬午 | 壬辰 | 壬寅 | 壬子 | 壬戌 |
| | 癸酉 | 癸未 | 癸巳 | 癸卯 | 癸丑 | 癸亥 |
| 空亡 | 戌亥 | 申酉 | 午未 | 辰巳 | 寅卯 | 子丑 |

若然在擇日中之日課四柱全在同一個旬上，則日課之四柱均是遇上相同之空亡地支，如坐山、人命或來龍是在空亡地支上，此謂之山空、命空。如日課擇於陽曆一九四〇年六月六日，農曆庚辰年五月初一日巳時，日課四柱為：

庚辰　年
壬午　年
庚辰　日
辛巳　時

在這四柱日課中，同屬甲戌至癸未干支組中，即在甲戌旬中，其所有之空亡在申及酉支上，此即謂「大空亡」，忌申、酉之坐山及人命，亦忌在申及酉方修山及修方。

乙、己天干年命人，其貴人在申，乙、己年命人忌在申山及申方修山造葬，或修補陽居，此之謂「貴空」，尤其是乙亥及己卯年命人，因為乙亥及己卯干支同在甲戌旬中，是「真貴空」。

申命人或申山，切忌在庚辰日用事，因庚祿在申，是山命祿空，而空亡中以日為甚，

月及時次之，年又再次之，但以上之年、月、日、時因為同是在甲戌旬內，其空亡是一致的，均是在申及酉，它所產生之空力是很大的。在《選擇求真》「卷六終」（玄學出版社第二〇一頁）引述楊公云：

**「春土夏金秋遇木。三冬逢火是真空。」**

在《選擇求真》「卷六終」有「論山命貴祿馬空」（玄學出版社第二〇一頁），其中有云：

**「夫空亡有吉有凶。金火山用之吉。水土山用之凶。或逢太陰太陽到山。遇空是無雲遮蔽。處處光明。金空則响。火空則發。豈為害乎。」**

此說法是配合七政四餘天星使用而言，七政是太陽、太陰加上五星，即金星、木星、水星、火星及土星，若日課四柱遇上山命空亡，則使用太陽或太陰二星已俱足化解力，而四餘之星是：

（一） 紫氣 —— 本星之餘奴，（即其衛星）。

（二） 水 —— 水星之餘奴，（即其衛星）。

（三）火羅——火星之餘奴，（即其衛星）。

（四）土計——土星之餘奴，（名天尾星，亦即衛星）。

若然山命遇上空亡，可使用太陽星化解，但切忌在同一時間遇上七政四餘所屬之土、木、水及火羅、土計等諸星，而廿四山在七政四餘諸星中之所屬五行是：

土——壬、子、癸、丑山（逢土星為主星）。

木——艮、寅、乾、亥山（逢木星為主星）。

火——甲、卯、辛、戌山（逢火星為主星）。（金火山用之吉）

金——乙、辰、庚、酉山（逢金星為主星）。（金火山用之吉）

水——巽、巳、坤、申山（逢水星為主星）。

太陽——丙、午山（喜金、水星同輔為吉）。

太陰——丁、未山（喜金、水星同輔為吉）。

以上廿四山所屬的五行，不適用於《正五行擇日法》上，屬於另一個系統的五行。

使用太陽星，最好在正面照向，或以坐山成三合方，或以向成三合方，例如修造子山，則太陽星到：

午方——為太陽到向。

戌、寅方——為太陽到向之三合方。

辰、申方——為太陽到坐山之三合方。

子方——為太陽到山，其吉時惟帝皇或國家之元首修造宮殿官邸可使用，一般平民百姓不能用，用之反招凶。

使用太陰星，則可到坐山、到向，或到坐山之三合方，或到向之三合方，首選最好到坐山，到向次之，其餘各三合方又次之，太陰到山能壓伏一切凶煞，而《造命千金歌》（《選擇求真》玄學出版社第廿五頁）有云：

**「更得五兔照坐處。致使生民添福澤。」**

而使用太陽照向及三合方，最好在用事中能看見太陽出現，使用太陰時能見月亮出現，但只是局部山向方可使用，可查太陽及太陰到山表便一目了然。以下是坐山空亡而使用太陽星化解之例子：

申山寅向修造，日課擇於二〇六〇年新曆五月七日，農曆庚辰年四月初八巳時，日課四柱為：

庚辰　年
辛巳　月
庚辰　日
辛巳　時

日課四柱為雙飛蝴蝶格，庚辰及辛巳干支同屬甲戌旬，申、酉為空亡，即坐山（酉）為山空，酉山屬金，附加使用太陽星到方，用之則吉矣。這是繼大師之用法。

使用太陽星其程序是：

（一）酉山之三合方是丑、巳二山，而在該日課之巳時，太陽星剛到巳方，可互相配合使用。

（二）查太陽到山表是立夏後為辛巳月，於巳時正三刻五分到巳方，以北京時間為準，而巳時正三刻是上午十時四十五分，加上〇五分，便是上午十時五十分。

（三）用庚辰日上午十時五十分，在巳方動土用事及拜祭則大吉，最好有太陽出現，方能應之。

擇日如無必要，不可擇空亡日在造葬之山，或是祭主之出生年命上，以上是舉一例子而已，擇日有很多格局，懂得多，用得熟，其選擇範圍自然多，而能靈活使用，用而巧妙，方為高手，但擇日切忌賣弄技巧，應以平實之法，而達到扶山相主之目的，則福自得。

## 祭主天干年命在日課日柱中之空亡表 —— 繼大師作表

| 祭主年命 | 日柱之陽貴空 | 日柱之陰貴空 | 日柱祿空 |
|---|---|---|---|
| 甲命 | 甲寅日 | 甲申日 | 甲辰日 |
| 乙命 | 乙亥日 | 乙卯日 | 乙巳日 |
| 丙命 | 丙子日 | 丙寅日 | 丙申日 |
| 丁命 | 丁卯日 | 丁丑日 | 丁亥日 |
| 戊命 | 戊午日 | 戊子日 | 戊戌日 |
| 己命 | 己未日 | 己卯日 | 己丑日 |
| 庚命 | 庚申日 | 庚寅日 | 庚辰日 |
| 辛命 | 辛亥日 | 辛卯日 | 辛巳日 |
| 壬命 | 壬子日 | 壬寅日 | 壬申日 |
| 癸命 | 癸丑日 | 癸卯日 | 癸亥日 |

## 祭主地支年命在日課日柱中之空亡表 —— 繼大師作表

| 山命及年命 | 子年 | 丑年 | 寅年 | 卯年 |
|---|---|---|---|---|
| 馬空日 | 甲辰日 戊申日 壬子日 | 乙丑日 己巳日 癸酉日 | 甲戌日 戊寅日 壬午日 | 乙未日 己亥日 癸卯日 |
| 貴空日 | 乙卯日 己未日 | 甲寅日 戊午日 庚申日 | 辛亥日 | 壬子日 癸丑日 |
| 祿空日 | 癸亥日 | | 甲辰日 | 乙巳日 |
| 財（馬）空日 | | | 甲辰日 戊申日 壬子日 | |

| 山命及年命 | 馬空日 | 貴空日 | 祿空日 | 財（馬）空日 |
|---|---|---|---|---|
| 辰年 | 甲辰日 戊申日 壬子日 | | | |
| 巳年 | 乙丑日 己巳日 癸酉日 | 壬寅日 癸卯日 | 丙申日 戊戌日 | 乙未日 己亥日 癸卯日 |
| 午年 | 甲戌日 戊寅日 壬午日 | 辛卯日 | 丁亥日 己丑日 | |
| 未年 | 乙未日 己亥日 癸卯日 | 甲申日 戊子日 庚寅日 | | |

| 山命及年命 | 申年 | 酉年 | 戌年 | 亥年 |
|---|---|---|---|---|
| 馬空日 | 甲辰日<br>戊申日<br>壬子日 | 乙丑日<br>己巳日<br>癸酉日 | 甲戌日<br>戊寅日<br>壬午日 | 乙未日<br>己亥日<br>癸卯日 |
| 貴空日 | 乙亥日<br>己卯日 | 丙子日<br>丁丑日 | | 丙寅日<br>丁卯日 |
| 祿空日 | 庚辰日 | 辛巳日 | | 壬申日 |
| 財（馬）空日 | 甲戌日<br>戊寅日<br>壬午日 | | | 乙丑日<br>己巳日<br>癸酉日 |

《本篇完》

# （十）太陰星之原理及用法

繼大師

太陰星即月亮，月亮本身不能發光，因太陽發光而照月亮，月亮反射太陽光而照地球，太陰之光華柔順，以入夜後而太陽未出之前為佳，太陰之本宮在廿四山之「未」方（西南方），以正五行擇日造命法為主，再配合太陰到龍山之坐或向，照之大吉，最好在用事時間有月亮出現，夜間明月高掛方為美。

《選擇求真》（玄學出版社第七十五頁）有云：

**「太陰乃星中后妃。有母儀之象。德柔體順。佐太陽以宣化。繼日而夜明。到山到向。大能壓伏一切凶殺。普化吉祥。」**

太陰及太陽所到之位置，其名稱有二，茲列如下：

（一）歸垣——太陰入未宮（本宮），太陽入午宮（本宮）是也。

（二）升殿——太陰躔心、危、畢、張四宿度是也，太陽躔星、房、虛、昴四宿度

星是也。（其各宿度位置可在現代之三合羅經中查知。）

當用正五行擇日造命法取得時辰後，可在太陽或太陰到山圖表中查閱是否得遇，但以此二星為次，得遇是錦上添花，而太陰不與太陽同，太陰是分成十二個月，而每個月農曆有數天（二至三晚不等）照臨各廿四山，時間比較太陽為長久，與擇日造命法較容易配合，而二星與龍山在配合上有三：

（一） 到坐山為守殿。

（二） 到其向為朝元。

（三） 到其方為拱垣。

以上均以坐山（墳碑或龍山）為主而言，在選擇太陰星配合造命日課時，並不是每個月之晚上均有月亮出現，月球繞地球一週是一個月，向着太陽的那一半月球是明亮的，背着太陽的那一半月球是黑暗的，從地球上看來，月亮在環繞地球旋轉的過程中，會產生圓缺的變化，筆者繼大師解釋其過程如下：

（一）當背着太陽那邊之月亮，在對着地球時，從地球上是完全看不到月亮的，這稱之為「朔」，即農曆每月之初一日。

（二）兩三天以後，便可看見月亮現彎刀之形狀，即初三、初四娥眉月，而在太陽下山後，月亮便出現於西方的低空中。

（三）約在初七、初八，月亮距太陽九十度時稱為「上弦」，而在日落後出現於南方，西半邊明亮而看不見東半邊。

（四）在農曆初十五，月亮正好跟太陽相對，在地球上看到滿月（月圓），這稱為「望」。

（五）在「望」後七、八天，即約初廿二、廿三日，月亮之西邊逐漸虧缺，在地球上只看見月亮之東半邊而看不見西半邊，這稱之為「下弦」。

（六）再過約七、八天，背着太陽那半邊之月亮，又對着地球，地球上又完全看不見

月亮，回到「朔」，而月亮由「朔」到「朔」，或由「望」回到「望」，稱為「朔望月」。註（一）

註（一）：「根據中國紫金山天文臺之資料，朔望月的平均長度是廿九日十二小時四十四分零三秒。」

據古籍記載，如擇太陰到山，在晚上以見到月亮出現為準，如擇在前一月之初廿八至本月之初五，是月幾無光，不可用也，若擇在十五、十六，遇着太陽太陰對望時刻，又合到山到向，是上吉，每月選擇最佳太陰之日子如下：

（一）上弦——初七至初八。

（二）下弦——初廿二至廿三。

（三）初十三至十七，在滿月（望）之範圍最佳，初十一至十二及初十八至十九日亦可，但要視乎天氣之好壞而定，但月色以秋天晚上最為明亮，可供參考。

使月上五行擇日造命法再配合太陰到山到向最好，例如造葬之墳穴是

坐山——子山午向

祭主——乙丑年命

擇於二〇〇八年戊子年陽曆八月十六日，農曆七月十六日初子時，日課四柱是：

戊子　年
庚申　月
戊子　日
壬子　時（初子時）

配以子山午向及乙丑祭主年命，繼大師認為在晚上造葬，要準備好燈光照明工具，此日課好處如下：

（一）日課地支三子一申，為隔支三朋格，年、月支「子、申」半三合水局生旺子山

，三子為同氣，一片旺水之氣，為同旺局。

（二）祭主乙丑年命，其乙干之貴人到「子、申」，正是日課之年、月、日、時支及坐山（子山），日課年、月、日干為戊、庚，其貴人在丑年命，互為貴人，甚吉之配搭。

（三）查二〇〇八年（戊子年），年紫白星一白入中，年紫白星六白吉星到北方，大吉也。

（四）查十二月分之太陰臨山是農曆七月之十六日到壬、子山，剛好日課是七月十六日晚，是太陰臨山，加上秋天晚上，月色明亮。

以上例子之配合最為恰當，但必須以正五行擇日造命為主，可配合則吉，是錦上添花，日課四柱如不能配合太陰星，亦屬吉，因太陰星是輔助。

月亮環繞地球一週平均時間為

廿九日十二小時四十四分零三秒 稱為「月」

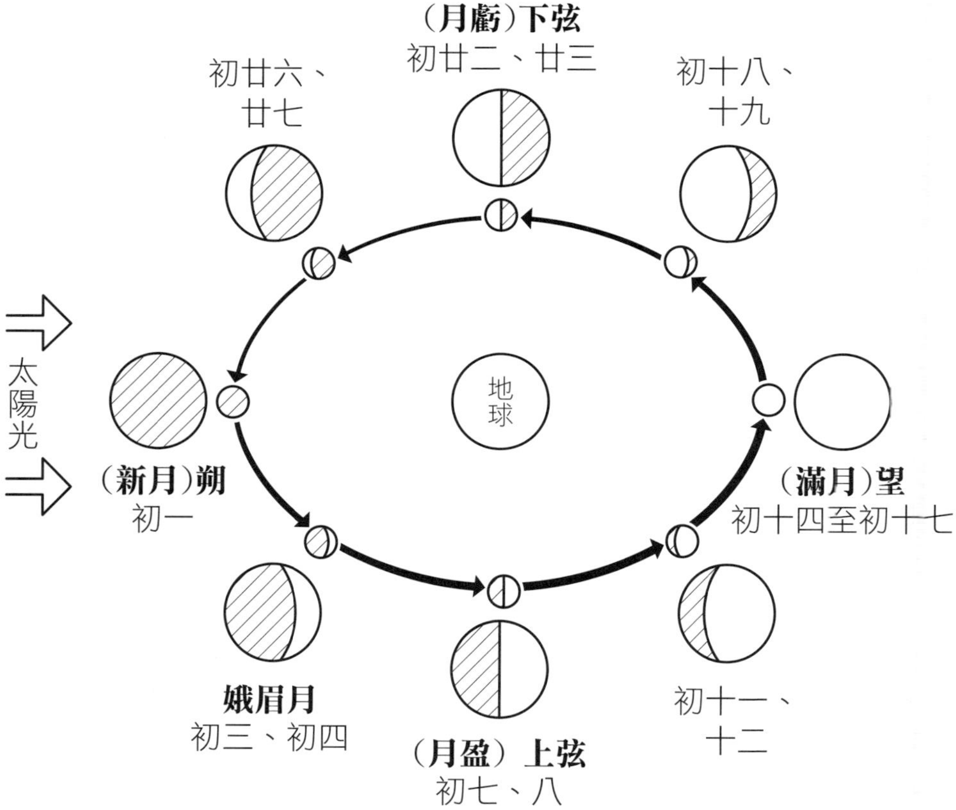

**(月虧)下弦**
初廿二、廿三

初廿六、
廿七

初十八、
十九

太
陽
光

地
球

**(新月)朔**
初一

**(滿月)望**
初十四至初十七

**娥眉月**
初三、初四

**(月盈)上弦**
初七、八

初十一、
十二

月亮朔望盈虧圖　繼大師圖

# 十二月內之每月太陰臨山表（此即斗母）——繼大師作表

| 月份 | 正 | 二 | 三 | 四 | 五 | 六 | 七 | 八 | 九 | 十 | 十一 | 十二 |
|---|---|---|---|---|---|---|---|---|---|---|---|---|
| 壬子山 | 初一 | 廿六 | 廿四 | 廿二 | 十九 | 十七 | 十五 | 十二 | 初十 | 初八 | 初五 | 初三 |
| 壬子山 | 初二 | 廿七 | 廿五 | 廿三 | 二十 | 十八 | 十六 | 十三 | 十一 | 初九 | 初六 | 初四 |
| 壬子山 | 初三 | 廿八 | 廿六 | 廿四 | 廿一 | 十九 | 十七 | 十四 | 十二 | 初十 | 初七 | 初五 |
| 乾亥山 | 初四 | 初一 | 廿七 | 廿五 | 廿二 | 二十 | 十八 | 十五 | 十三 | 十一 | 初八 | 初六 |
| 乾亥山 | 初五 | 初二 | 廿八 | 廿六 | 廿三 | 廿一 | 十九 | 十六 | 十四 | 十二 | 初九 | 初七 |
| 辛戌山 | 初六 | 初三 | 初一 | 廿七 | 廿四 | 廿二 | 二十 | 十七 | 十五 | 十三 | 初十 | 初八 |
| 辛戌山 | 初七 | 初四 | 初二 | 廿八 | 廿五 | 廿三 | 廿一 | 十八 | 十六 | 十四 | 十一 | 初九 |
| 庚酉山 | 初八 | 初五 | 初三 | 初一 | 廿六 | 廿四 | 廿二 | 十九 | 十七 | 十五 | 十二 | 初十 |
| 庚酉山 | 初九 | 初六 | 初四 | 初二 | 廿七 | 廿五 | 廿三 | 二十 | 十八 | 十六 | 十三 | 十一 |
| 庚酉山 | 初十 | 初七 | 初五 | 初三 | 廿八 | 廿六 | 廿四 | 廿一 | 十九 | 十七 | 十四 | 十二 |
| 坤申山 | 十一 | 初八 | 初六 | 初四 | 初一 | 廿七 | 廿五 | 廿二 | 二十 | 十八 | 十五 | 十三 |
| 坤申山 | 十二 | 初九 | 初七 | 初五 | 初二 | 廿八 | 廿六 | 廿三 | 廿一 | 十九 | 十六 | 十四 |
| 丁未山 | 十三 | 初十 | 初八 | 初六 | 初三 | 初一 | 廿七 | 廿四 | 廿二 | 二十 | 十七 | 十五 |
| 丁未山 | 十四 | 十一 | 初九 | 初七 | 初四 | 初二 | 廿八 | 廿五 | 廿三 | 廿一 | 十八 | 十六 |

十二月內之每月太陰臨山表（比即斗母）——繼大師作表

| 月份 | 正 | 二 | 三 | 四 | 五 | 六 | 七 | 八 | 九 | 十 | 十一 | 十二 |
|---|---|---|---|---|---|---|---|---|---|---|---|---|
| 丙午山 | 十五 | 十二 | 初十 | 初八 | 初五 | 初三 | 初一 | 廿六 | 廿四 | 廿二 | 十九 | 十七 |
| 丙午山 | 十六 | 十三 | 十一 | 初九 | 初六 | 初四 | 初二 | 廿七 | 廿五 | 廿三 | 二十 | 十八 |
| 丙午山 | 十七 | 十四 | 十二 | 初十 | 初七 | 初五 | 初三 | 廿八 | 廿六 | 廿四 | 廿一 | 十九 |
| 巽巳山 | 十八 | 十五 | 十三 | 十一 | 初八 | 初六 | 初四 | 初一 | 廿七 | 廿五 | 廿二 | 二十 |
| 巽巳山 | 十九 | 十六 | 十四 | 十二 | 初九 | 初七 | 初五 | 初二 | 廿八 | 廿六 | 廿三 | 廿一 |
| 乙辰山 | 二十 | 十七 | 十五 | 十三 | 初十 | 初八 | 初六 | 初三 | 初一 | 廿七 | 廿四 | 廿二 |
| 乙辰山 | 廿一 | 十八 | 十六 | 十四 | 十一 | 初九 | 初七 | 初四 | 初二 | 廿八 | 廿五 | 廿三 |
| 甲卯山 | 廿二 | 十九 | 十七 | 十五 | 十二 | 初十 | 初八 | 初五 | 初三 | 初一 | 廿六 | 廿四 |
| 甲卯山 | 廿三 | 二十 | 十八 | 十六 | 十三 | 十一 | 初九 | 初六 | 初四 | 初二 | 廿七 | 廿五 |
| 甲卯山 | 廿四 | 廿一 | 十九 | 十七 | 十四 | 十二 | 初十 | 初七 | 初五 | 初三 | 廿八 | 廿六 |
| 艮寅山 | 廿五 | 廿二 | 二十 | 十八 | 十五 | 十三 | 十一 | 初八 | 初六 | 初四 | 初一 | 廿七 |
| 艮寅山 | 廿六 | 廿三 | 廿一 | 十九 | 十六 | 十四 | 十二 | 初九 | 初七 | 初五 | 初二 | 廿八 |
| 癸丑山 | 廿七 | 廿四 | 廿二 | 二十 | 十七 | 十五 | 十三 | 初十 | 初八 | 初六 | 初三 | 初一 |
| 癸丑山 | 廿八 | 廿五 | 廿三 | 廿一 | 十八 | 十六 | 十四 | 十一 | 初九 | 初七 | 初四 | 初二 |

《本篇完》

# （十一）天象時空交接點之禁忌——四離、四絕日原理

繼大師

使用擇日造命法，在有些情形下，雖然造命日課是上吉，但切勿擇於因天象影響而致大凶之日子上，如：

（一）節氣交接——日課擇於交節前一日，或交中氣前一日，但只限於四季之交節及四季之中氣前一日，即：

**四絕日——立春、立夏、立秋、立冬之前一日。**
**四離日——春分、夏至、秋分、冬至之前一日。**

以上之交節氣日會出現在農曆之正月、二月、四月、五月、七月、八月、十月及十一月內，但亦有例外，如在有閏月之年則會有所不同，例如一九九三年（癸酉）立夏在陽曆五月五日，即農曆閏三月十四日，立夏前之四絕日出現在閏三月也。

（二）日食及月食日——古法記載在日食、月食或日、月偏食、環食之七日內，大事勿用。

但在西藏密教修法中，也有擇日而修之，例如在日食或月食（包括偏食、環食、全食）進行之時間內，修密教中之虛空藏菩薩法，象徵在日、月食之天象中而得到虛空中的大智慧，盜取日月之精華，這特別情形，另作別論。

對於天象之影響而造成在擇日上有吉凶之別，這除了日、月食之外，四離及四絕日也是天象之一，地球環繞太陽運行中，因地球之軸心是傾斜自轉而繞太陽行走，所以地球中部及南北地區，因距離太陽有遠近之差別，受光之強弱不同，地球環繞太陽行進間，因此而產生了四季（地球赤度及附近則例外，而南、北極則半年日光及半年入夜，亦屬特別情況）。

由於地球之四季是因為環繞太陽運行而產生，所以在四季之交接時間上而產生八節，而春、夏、秋、冬之交節，及交節中氣的前一日，便產生了四離及四絕日，古人擇日，多依天象而取，凡是交接時間，是謂「陰陽不襍（雜）」也，陰陽將變而未變則易亂，這空隙點在時空方位上，筆者繼大師認為可出現下列情況：

## 時間上之交接

（一）值年太歲之交接——是年大寒五日後至來年立春期間，因為是年與年之交接期，因此不忌開山、立向、破土、拆屋、完山及安葬等。

（二）每年之八節前一天——即上述之立春、立夏、立秋、立冬、夏至、冬至、春分及秋分之前一日，是四絕及四離日，大事勿用。此亦即地球繞太陽在方位上之分界綫。

（三）每月之交接——每月之節氣及中氣日前一天，是月與月之分界時間，亦忌用事。

（四）每日及各時辰之交接——擇日用事之時辰，不可擇在時辰交接中間用事，如晚上十二時正，是日與日之交接點，日時干支易犯陰陽差錯，又例如下午三時正，為未與申時交接點，時干支易犯差錯，忌取用之。

（五）干支在排列配合上之交接點——十天干配十二地支得六十花甲而成六旬，餘二地支是謂「空亡」，亦是發生在干與支的交接點上。

（六）天體運行中之交接點——地球環繞太陽，其軌跡稱「黃道」，月球環繞地球之軌跡稱「白道」，當太陽、月球與地球成一直綫時，日食或月食便出現，這便是黃道與白道在軌道上的相交點，亦必在朔望之日，故日食必發生在「朔日」（初一日），月食必在「望日」（初十四至十七不等），古法謂不可擇於在七日內有日、月食而用事，此又一忌也。

蔣大鴻先師在《天元歌》五章尾三節（見《相地指迷》武陵出版社第六十九頁。）有云：**「月逢晦朔俱為福。何必蟾光三五圓。但忌陰陽當薄蝕。七日之內勿爭光。」**即此義也。

## 方位上之交接

（一）宮位上之交接——週天方位三百六十度，依洛書分九宮，除中宮外，八宮分佈週天，八宮的方位及位置有兩種：

先天宮位——正東、正南、正西、正北為四正位。正東南、正西南、正東北、正西北為四隅位。先天八大卦宮位，其分界綫在四正及四隅位之正位作分界綫，為先天宮位之

位置。

後天宮位——後天宮位配以廿四山，一大後天宮位有三個廿四山，如丙午丁在南位，俗稱「一卦管三山」，這有別於元空大卦（六十四卦）之一卦管三山，而正南位是後天宮位之中心點，即四正及四隅中心點是各宮位之中間位置。

先後天宮位之分別是：

**先天宮位——四正及四隅之中心點是宮位之分界綫。**

**後天宮位——四正及四隅之中心點是宮位之中心處。**

此即先後天宮位各有重疊，相差十六份一之週天。在擇日重修陰陽二宅時，找出其中心作立極點，然後用羅經測量其重修處是屬何宮，一般是以其坐山之方位落在何宮位上，以此推算有何吉、凶之星加臨，但切勿在兩宮交界處重修，是陰陽不襍（不明確分辨），況且在兩宮交接範圍重修，是易犯凶星，而跨宮重修，亦會容易牽連不吉利之宮位，此點務必留意。

（二）廿四山各山之交接——在羅經上以八天干（除戊己中土沒有向外）、十二地支加上乾、坤、艮、巽四隅卦位而成廿四山，廿四山既成，則五行之數配以五行之方位定局，而取時間之五行用事（擇日），配合方位上之五行而分辨吉凶，以求達到趨吉避凶，切忌在兩山（廿四山）交界處用事，因兩廿四山交接點是陰陽兩儀不分之處，例如下列之廿四山分界處：

甲與寅——庚與申
乙與辰——辛與戌
丙與巳——壬與亥
丁與未——癸與丑

此即是後天大八卦之兩宮交接界點，稱之為「騎縫綫」是也。

在擇日重修陽宅或陰宅時，所選擇之吉方宮位，以廿四山之「三山」作一宮為準，亦即是後天宮位，以四正及四隅中綫位為各宮之中心點，而紫白、飛祿、飛馬及飛貴等，亦依照此後天宮位，為重修位置，繼大師認為應留意之處如下：

（一）所修之宮位，是否在兩宮交界處。

（二）重修或建屋或安墳立碑時，是否有吉星飛臨，勿犯五黃、三煞、歲破等諸星，如坐太歲方重修，是否有紫白吉星加臨，有吉星加臨則吉，若凶星加臨太歲方，切忌犯之。

以正五行擇日造命法擇日為主，再配以太陰、太陽、紫白吉星，或值年太歲之本命祿馬貴人飛臨吉方宮位，無不吉利，這是層次上之選擇，另有十二日神，即「建、除、滿、平、定、執、破、危、成、收、開及閉」日等，亦可作擇日上之參考。

| 十二 | 十一 | 十 | 九 | 八 | 七 | 六 | 五 | 四 | 三 | 二 | 正 | 月份／日神 |
|---|---|---|---|---|---|---|---|---|---|---|---|---|
| 丑 | 子 | 亥 | 戌 | 酉 | 申 | 未 | 午 | 巳 | 辰 | 卯 | 寅 | **建** |
| 寅 | 丑 | 子 | 亥 | 戌 | 酉 | 申 | 未 | 午 | 巳 | 辰 | 卯 | **除** |
| 卯 | 寅 | 丑 | 子 | 亥 | 戌 | 酉 | 申 | 未 | 午 | 巳 | 辰 | **滿** |
| 辰 | 卯 | 寅 | 丑 | 子 | 亥 | 戌 | 酉 | 申 | 未 | 午 | 巳 | **平** |
| 巳 | 辰 | 卯 | 寅 | 丑 | 子 | 亥 | 戌 | 酉 | 申 | 未 | 午 | **定** |
| 午 | 巳 | 辰 | 卯 | 寅 | 丑 | 子 | 亥 | 戌 | 酉 | 申 | 未 | **執** |
| 未 | 午 | 巳 | 辰 | 卯 | 寅 | 丑 | 子 | 亥 | 戌 | 酉 | 申 | **破** |
| 申 | 未 | 午 | 巳 | 辰 | 卯 | 寅 | 丑 | 子 | 亥 | 戌 | 酉 | **危** |
| 酉 | 申 | 未 | 午 | 巳 | 辰 | 卯 | 寅 | 丑 | 子 | 亥 | 戌 | **成** |
| 戌 | 酉 | 申 | 未 | 午 | 巳 | 辰 | 卯 | 寅 | 丑 | 子 | 亥 | **收** |
| 亥 | 戌 | 酉 | 申 | 未 | 午 | 巳 | 辰 | 卯 | 寅 | 丑 | 子 | **開** |
| 子 | 亥 | 戌 | 酉 | 申 | 未 | 午 | 巳 | 辰 | 卯 | 寅 | 丑 | **閉** |

洛書數（即先天數）及廿四山方位之八大騎縫線——繼大師作表

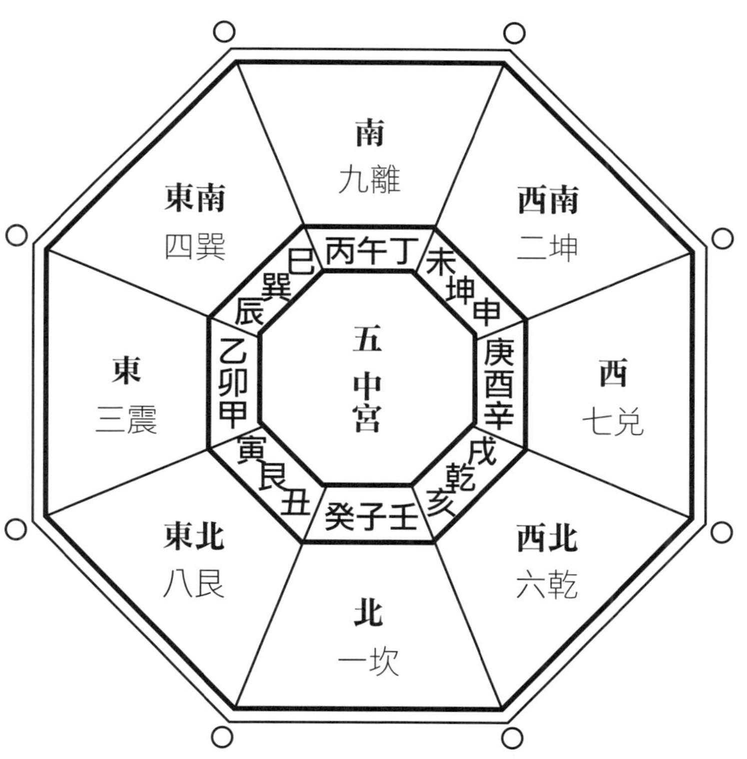


八大騎縫線

《本篇完》

# （十二）赦原星之應用──天德之原理及應用

繼大師

赦原星出自於干與支的天德關係，即「飛宮天德」，值太歲之年飛臨到宮用事，求懺悔、赦罪、化解官非及化解訴訟等事大吉。

**天德之原理**

首先，我們要明白天德所產生之原理，天德即「天之福神」，其原理是地支三合之氣，合成金、木、水或火，其五行之氣與陽天干之五行氣相同即是，例如：

寅、午、戌年，地支三合火局，陽干之火是「丙」，地支之三合火，以陽干火為德，天干「丙」即是地支三合火之德神，天干「丙」取「天干之德神」為名，故稱「天德」。

十二地支所屬天德如下：

火月天德──寅、午、戌年，其天德在陽月干「丙」火上。

木月天德──卯、未、亥年，其天德在陽月干「甲」木上。

水月天德——辰、申、子年，其天德在陽月干「壬」水上。

金月天德——巳、酉、丑年，其天德在陽月干「庚」金上。

**赦原星（飛宮天德）之用法**

使用赦原星之程序如下：

（一）得知用事之年、月干支，例如在壬午年（二〇〇二年）用事，則年、月之干支是：

壬午　年

壬寅　月

（二）求得用事年份之「陽干天德」，壬午年則午年年支與寅、戌成三合火局，天德是「丙」火月干。

（三）再求「丙」火月在二〇〇二年正月（二〇〇二寅月）所飛臨之宮位，其方法是：

將用事之月干支放入中宮，順洛書數順六十花甲順飛各宮，到「丙」干所臨之宮，即是赦原星所到之宮位，再用正五行擇日法配合使用之，無不大吉。洛書數由南方逆時針排列，為九四三八。至北方再往南方順時針排列，為二七六一。

壬寅放入中宮是五數，則癸卯六，甲辰七，乙巳八，丙午九，這「丙」干在九數，後天在離宮，是正南方，在廿四山方位是「丙午丁」位。其餘各年、月皆如此類推。

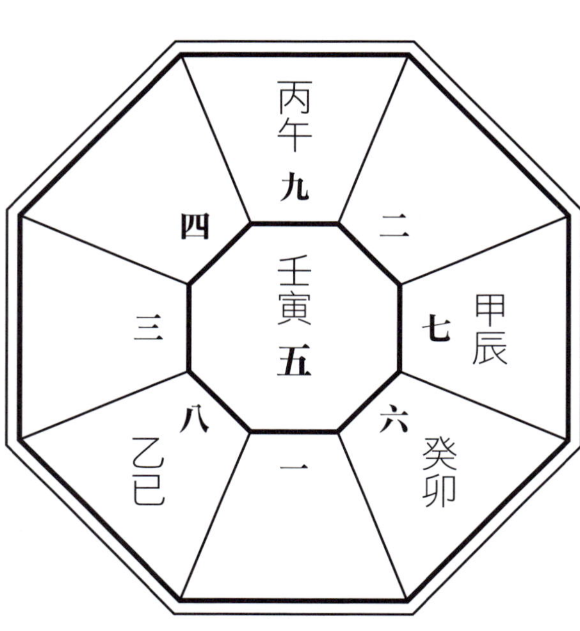


《本篇完》

# （十三）天赦日及飛宮天赦配合正五行擇日法之用法

繼大師

天赦者，即赦免過失及寬恕罪行之意，在《選擇求真》（玄學出版社第二三二頁）《天寶歷》曰：

**「天赦者。赦過宥罪之辰也。天之生育甲與戊。地之成立：子、午、寅、申。故以甲、戊配成天赦。其日宜疎獄施恩。祀神賽愿**（還願）**。入宅移居。凡事吉。」**

天赦日之地支尋法，是以四季之五行所屬，配以陽地支，再配天干甲、戊而成，即是：

春（正、二、三月）木旺 ——— 地支配以寅木。

夏（四、五、六月）火旺 ——— 地支配以午火。

秋（七、八、九月）金旺 ——— 地支配以申金。

冬（十、十一、十二月）水旺 ——— 地支配以子水。

春及秋配以「戊」干，夏及冬配以「甲」干，故得天干地支，在各月中，如以下圖表：

天赦日表 —— 繼大師作表

| 月份 | 天赦日 |
|---|---|
| 正 | 戊寅 |
| 二 | 戊寅 |
| 三 | 戊寅 |
| 四 | 甲午 |
| 五 | 甲午 |
| 六 | 甲午 |
| 七 | 戊申 |
| 八 | 戊申 |
| 九 | 戊申 |
| 十 | 甲子 |
| 十一 | 甲子 |
| 十二 | 甲子 |

## 飛宮天赦

飛宮天赦宮位之尋法，其程序如下：

（一）查得用事月份及其天赦日之干支，例如農曆七月用事，則天赦日是「戊申」日。如用事之年是庚辰年（二〇〇〇年），則年、月及日之四柱是：

庚辰　年
甲申　月
戊申　日

此四柱日課剛好在庚辰年七月是有「戊申」日可選擇。

（二）推算農曆七月之干支為「甲申」月後，將「甲申」干支放入中宮，順洛書數順六十花甲順推，以先天洛書數及後天八卦方位推尋，甲申是五數，乙酉六……至戊申是二數，例表如下：

| 干支 | 數 | 干支 | 數 | 干支 | 數 |
|---|---|---|---|---|---|
| 甲申 | **五** | 甲午 | **六** | 甲辰 | **七** |
| 乙酉 | **六** | 乙未 | **七** | 乙巳 | **八** |
| 丙戌 | **七** | 丙申 | **八** | 丙午 | **九** |
| 丁亥 | **八** | 丁酉 | **九** | 丁未 | 一 |
| 戊子 | **九** | 戊戌 | 一 | 戊申 | 二 |
| 己丑 | 一 | 己亥 | 二 | | |
| 庚寅 | 二 | 庚子 | 三 | | |
| 辛卯 | 三 | 辛丑 | **四** | | |
| 壬辰 | **四** | 壬寅 | **五** | | |
| 癸巳 | **五** | 癸卯 | **六** | | |

「戊申」日是在庚辰年（二〇〇〇年）農曆七月即甲申月中所飛臨之方，依照洛書數上的宮位所排列，二是坤宮（西南方），這是：

天赦日「戊申日」之飛宮天赦宮位是坤宮，在廿四山是「未坤申」山。

日課選取申時，用正五行擇日法配合天赦日，再合天赦飛宮到方，繼大師認為這實在是懺悔過失的極佳日子，其四柱日課是：

庚辰　年
甲申　月
戊申　日
庚申　時

配以乙、己、丑、未年命人大吉。再配以申山寅向，是上上大吉之配搭。其好處是：

（一）　乙、己年命人之貴人在日課地支三申上。

（二）　日課天干甲、戊、庚天上三奇，其貴人全在丑、未年命人地支上。

（三）　日課年及時之「庚」干，其祿在月、日及時支「申」上，地支辰、申半三合

水局邀「子」水，「子」支是乙、己年命人之貴，為邀生年命人之貴，「邀貴格」也。

（四）配以坐山「申」，是坐旺申山，三申地支是「三朋格」，上吉。

（五）「申」方是西南方，正是「飛宮天赦」所臨之吉方，而農曆七月之「戊申」日是「天赦日」，兩者皆配合。

此日課是綜合：

正五行擇日法——天上三奇格及三朋格

天赦日——赦過宥罪之日

飛宮天赦到吉方宮位——可制官符等煞，集三大好處於一身。

| 月份＼年干 | 甲己年 | 乙庚年 | 丙辛年 | 丁壬年 | 戊癸年 |
|---|---|---|---|---|---|
| 正 | 艮 | 中 | 艮 | 中 | 坤 |
| 二 | 兑 | 坎 | 兑 | 巽 | 坎 |
| 三 | 乾 | 離 | 乾 | 震 | 離 |
| 四 | 震 | 離 | 乾 | 離 | 乾 |
| 五 | 坤 | 艮 | 中 | 艮 | 中 |
| 六 | 坎 | 兑 | 坎 | 兑 | 巽 |
| 七 | 中 | 坤 | 艮 | 中 | 艮 |
| 八 | 巽 | 坎 | 兑 | 坎 | 兑 |
| 九 | 震 | 離 | 乾 | 離 | 乾 |
| 十 | 離 | 乾 | 震 | 離 | 乾 |
| 十一 | 艮 | 中 | 坤 | 艮 | 中 |
| 十二 | 兑 | 巽 | 坎 | 兑 | 坎 |

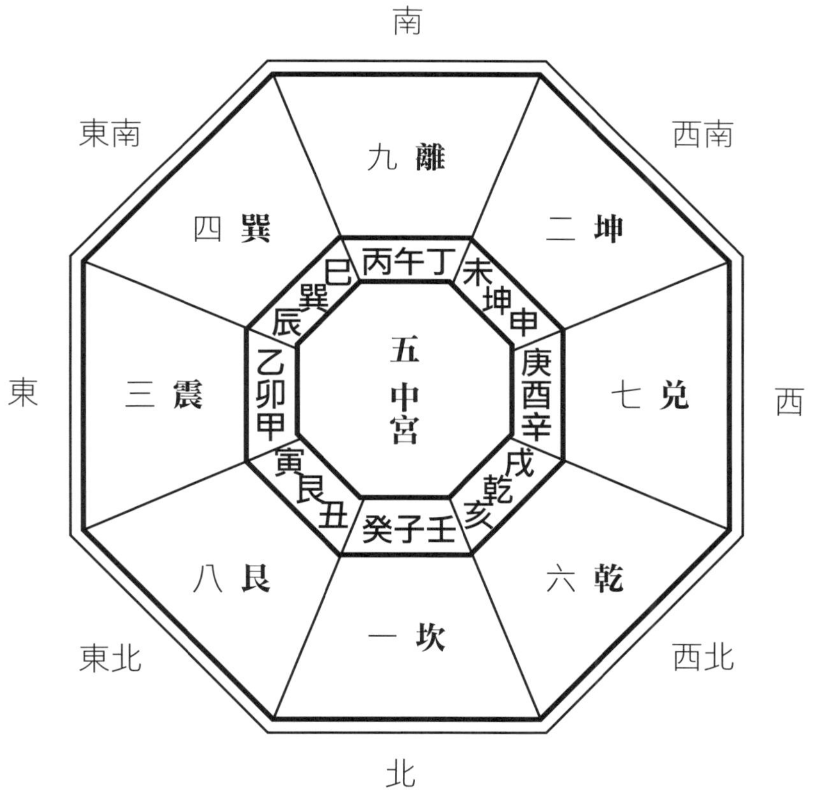

飛宮天赦圖——繼大師作圖



《本篇完》

# （十四）三德叢集格在配合上之用法

繼大師

三德者，歲德、月德、天德等諸吉星也，加上歲德合、月德合及天德合，稱為六德，三德者在天干，不在地支，是因天干有德，地支無德，六德乃極吉之神，可制地支凶煞，在《選擇求真》卷七（玄學出版社第二一六頁）有云：

**「六德所值年月日時。能制一切地支凶煞。或方位有凶煞。而得六德到方。自然畏伏。不敢為害。元經曰。貴神在位。諸煞伏藏。天德扶持。眾凶皆散。」**

又曰：

**「天月二德。乃上界之善宿。有仁慈之象。人命得之主貴。且仁慈好道。一世安然無險。」**

由此可知，三德之力甚厚，取三德之月，再配合其坐山及祭主年命，甚吉。三德之原理是取天干之陽干五行，與地支三合五行中入墓之月互相配合，其口訣是：

甲、己年六月（未月）三德同在甲

乙、庚年十二月（丑月）三德同在庚

丙、辛年九月（戌月）三德同在丙

丁、壬年三月（辰月）三德同在壬

用正五行擇日法時，除選用五行入墓之月外，（即木庫在未月，金庫在丑月，火庫在戌月，水庫在辰月。）日課最好能夠配合山命及祭主人命，例如丙山，配以丙午年命人，擇於二〇〇六年用事，可擇於丙戌年（二〇〇六年）陽曆十月廿八日正午十二時下葬安碑。日課四柱如下：

丙戌　年

戊戌　月

庚寅　日

壬午　時

丙戌年之陽干丙屬火，三合火庫之月是戌月，即農曆九月，其配丙山及丙午年命人，其好處如下：

（一）丙午年命人用事，日課地支寅、午、戌三合火局，生旺午年命人。

（二）日課戌月，其三德吉星同在丙年命生人及丙戌年之歲干，極貴之配搭。

（三）造葬丙山，其戌月之三德亦同到丙山，大旺之格局。

（四）日課地支寅、午、戌三合火局，與丙山同屬火氣，乃同旺火局。

（五）日課日干之庚金被丙山及丙午年命尅，是山命及人命之偏財。

（六）丙山是南方九紫離宮位，流年紫白「六白星」到臨，流月紫白「一白星」加臨，是一、六同宮，一白是官星，貪狼屬水，六白武曲金，是金水相生，極佳之配搭。

綜合以上各點，均是極好之配合，此日課可配丙戌命、丙寅命及丙午命，亦可配合丁山、午山、艮山、坤山使用之，因丁山之祿在午，午山是同旺火局，艮及坤山屬土，被日課三合火局所生，是印局。

在三德叢集格內，除用其「庫」之月外，其精華可算是在坐山上之配合，這丙戌年戌月之日課，其三德同在丙山及丙年之太歲上，更在丙午年命人之陽干上，是使用三德叢集格最佳之配搭，筆者繼大師在「正五行擇日精義」一書上均未論及，現乃公開其秘密，可謂將擇日之法盡揭其秘，望有緣讀者悟之，不負繼大師之心血。

《本篇完》

# （十五）月空方之原理及用法

繼大師

「月空方」是月德在陽干上之對宮宮位，「月空」在廿四山之位置即是月空方，是時間與空間之配合，月空方全在陽干上，有甲、丙、庚及壬等四方，現解釋如下：

寅、午、戌地支三合火局，天干「丙」火同氣為月德，其相對之宮位是「壬」，這樣在寅月、午月、戌月（即正月、五月、九月）在廿四山之「壬」方是月空方。

卯、未、亥地支三合木局，天干「甲」木同氣為月德，其相對之宮位是「庚」，這樣在卯月、未月、亥月（即二月、六月、十月）在廿四山之「庚」方是月空方。

辰、申、子地支三合水局，天干「壬」水同氣為月德，其相對之宮位是「丙」，這樣在辰月、申月、子月（即三月、七月、十一月）在廿四山之「丙」方是月空方。

巳、酉、丑地支三合金局，天干「庚」金同氣為月德，其相對之宮位是「甲」，這樣在巳月、酉月、丑月（即四月、八月、十二月）在廿四山之「甲」方是月空方。

以上論述是以月份及方位之配合而用事，月空乃月德之對宮衝神，是月德之神，據《選擇求真》卷七所載，（玄學出版社第二一七頁）其解釋如下：

**「天寶曆曰：月中之陽辰也。所理之日。宜設籌謀陳計策。**

**曆神元始曰：月德自南而東。丙、甲、壬、庚月空。自北而西。壬、庚、丙、甲。乃天德之衝神也。而曰：宜設籌謀陳計策者。貴人之對名曰：天空。宜上書陳言。故天空即奏書也。此對月德之神。亦名之以空。而日月空。故利於上表章也。」**

由於在月德所在，月德有仁德，故此其對宮之陽干皆不敢與之為仇敵，因此在月德之對宮方皆「空」，而不與月德為對，在月空方用事宜：

**上書陳言 ——— 即奏書**

**設籌謀陳計策 ——— 即大官之幕僚（智囊團）**

以月空方配以正五行擇日法，選取吉方，設香案求神，香案以坐月空方為主，謀求入紙申請任何事項，務求達成者，可向月空方之香案虔誠禮拜祈求，如信仰佛道者可加唸佛經、道經或密咒皆可。（這是繼大師之個人對於月空方用法之見解，謹供參考。）

月空方表——繼大師作表

| 地支 | 月份 | 月空方 |
|---|---|---|
| **寅** | 正 | 壬 |
| **卯** | 二 | 庚 |
| **辰** | 三 | 丙 |
| **巳** | 四 | 甲 |
| **午** | 五 | 壬 |
| **未** | 六 | 庚 |
| **申** | 七 | 丙 |
| **酉** | 八 | 甲 |
| **戌** | 九 | 壬 |
| **亥** | 十 | 庚 |
| **子** | 十一 | 丙 |
| **丑** | 十二 | 甲 |

《本篇完》

# （十六）月空方配合正五行擇日法之使用法

繼大師

現用正五行擇日法配合月空方擇日，資料如下：

辛丑年命人

壬山用事

擇於二〇〇八年戊子年陽曆二月十日晚上十一時卅分，日課四柱為：

戊子　年

甲寅　月

庚辰　日

戊子　時

**其好處是：**

（一）日課天干甲、戊、庚是天上三奇貴格，三奇貴人全在丑年人命上。

（二）辛年人命之貴人在日課之寅月地支上，而辛命之另一貴人則在午上，午是正沖

日課之年及時支「子」字二，是沖貴格。

（三）日課子、辰地支是半三合水局，同旺壬山之水氣，而日課「子、辰」日、時支邀申而沖寅月支，是邀沖格。

（四）二〇〇八年戊子年之正月，其月空方在「壬」山，是「月空」到方，大吉也。

取正五行擇日配合月空方，其月空方所屬之陽干五行，多被月令之地支所尅洩，故此，在擇日以選取日、時之地支而生旺助山為佳，如上例之壬山，在寅月上，壬水生寅木是洩壬山之氣，如在卯月則月空方在庚，庚金尅卯木，亦會洩庚山之氣，此點宜謹記。

因為日課之寅月支洩「壬」山月空方之氣，故特選辰日子時，半三合水局，以同旺而助壬山水氣，如在卯月用事，則選「庚山」月空方配合，庚為陽金，在卯月用事上，可取巳日丑時，或丑日巳時，以地支巳、丑半三合金而同旺庚金之月空方，但切忌用「酉支」，因正沖卯月，只能半三合邀卯而沖卯月，是取邀沖格局，此為擇取月空方與正五行擇日法在月令選取上配合之要點，讀者宜謹記。

《本篇完》

# （十七）大小月建之尋法

繼大師

「小月建」即「月建飛宮」，據通書所載，是小兒殺，忌修方，「小月建」之尋法，是分有陽支及陰支之年，其解釋如下：

陽建——在陽支年每月之「小月建」方，又稱「月建」。

陰建——在陰支年每月之「小月建」方，又稱「月厭」。

「小月建」方之尋法：

（一）陽年支——子、寅、辰、午、申及戌年，其「小月建」方於正月（寅月）起中宮，順九宮洛書數順飛，即：

寅月——中宮——五數

卯月——乾宮——六數

辰月——兑宮——七數
巳月——艮宮——八數
午月——離宮——九數
未月——坎宮——一數
申月——坤宮——二數
酉月——震宮——三數
戌月——巽宮——四數
亥月——中宮——五數
子月——乾宮——六數
丑月——兑宮——七數

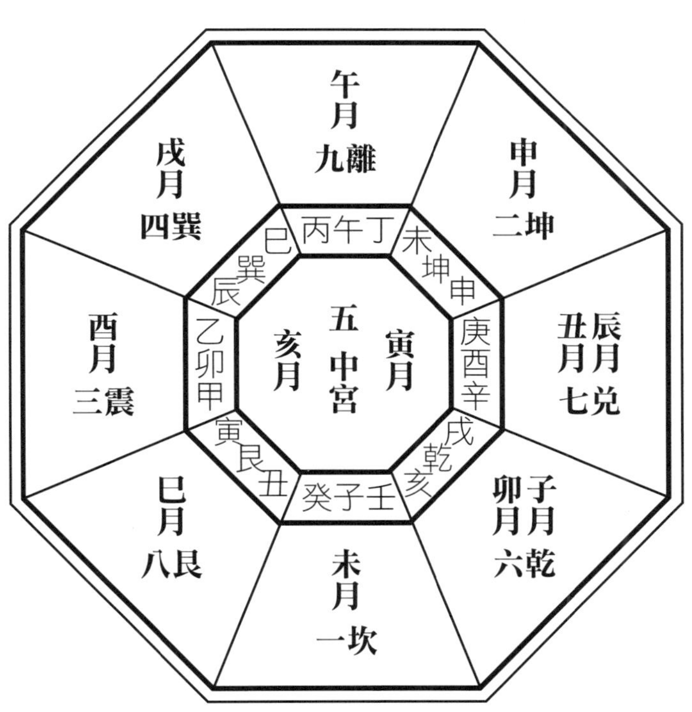


子、寅、辰、午、申、戌六陽年小建到宮圖——繼大師作表

（二）陰年支──丑、卯、巳、未、酉及亥年，其「小月建」方於戌月入中宮起計算，順洛書數順飛各宮，正月（寅月）到離宮，故從正月在離宮順推之，即戌月五數，亥月六數，子月七數，丑月八數，到寅月是九數，以正月入離宮，即：

寅月──離宮──九數（戌月排至寅月為九數）

卯月──坎宮──一數

辰月──坤宮──二數

巳月──震宮──三數

午月──巽宮──四數

未月──中宮──五數（排至未月又到中宮）

申月──乾宮──六數

酉月──兑宮──七數

戌月──艮宮──八數（五）「小月建」方於戌月入中宮（五）起計算

亥月──離宮──九數（六）

子月──坎宮──一數（七）

丑月──坤宮──二數（八）

丑、卯、巳、未、酉、亥六陰年小建到宮圖——繼大師作表

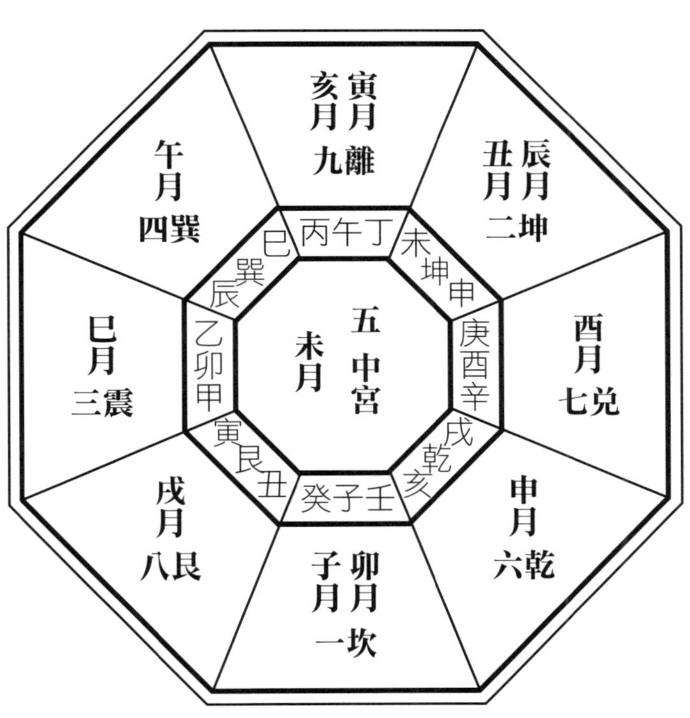

雖然小兒殺（小月建）在流月宮位亦忌修造，但是，可用太陽、祿馬、三白（一、六、八紫白星）、九紫制之，根據恩師　呂克明先生所授，「小月建」到方是可以修造的，唯大月建則不可，除有太陽、太陰三奇、祿馬、紫白等則吉凶另計。

「大月建」是土煞在流月到方之煞，忌修方動土，《選擇求真》（玄學出版社第三三八頁）《宗鏡篇》曰：

**「大月建係月家土煞。占山、占向、占方、占中宮。皆不宜動土。」**

**大月建之尋法**

「大月建」之尋法，是以子、午、卯、酉之年，以正月起艮方（東北方），依洛書之數逆推九宮各方位，即：

寅月——艮宮——八數
卯月——兑宮——七數
辰月——乾宮——六數
巳月——中宮——五數
午月——巽宮——四數
未月——震宮——三數
申月——坤宮——二數
酉月——坎宮——一數
戌月——離宮——九數
亥月——艮宮——八數
子月——兑宮——七數
丑月——乾宮——六數

子、午、卯、酉年大月建到宮圖表——繼大師作表

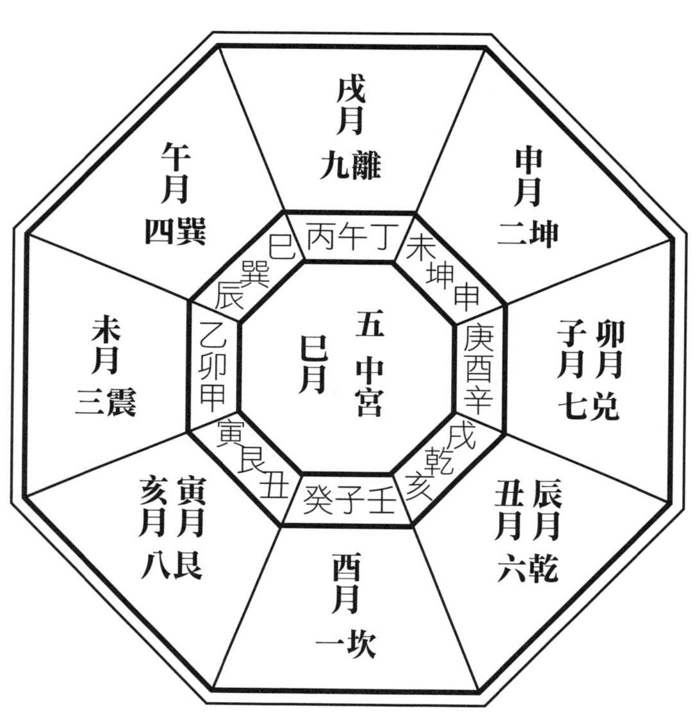

「大月建」在辰、戌、丑、未之年，以正月（寅月）起中宮，依洛書之數逆推九宮各方位，即：

寅月——中宮——五數
卯月——巽宮——四數
辰月——震宮——三數
巳月——坤宮——二數
午月——坎宮——一數
未月——離宮——九數
申月——艮宮——八數
酉月——兑宮——七數
戌月——乾宮——六數
亥月——中宮——五數
子月——巽宮——四數
丑月——震宮——三數

辰、戌、丑、未年大月建到宮圖表——繼大師作表

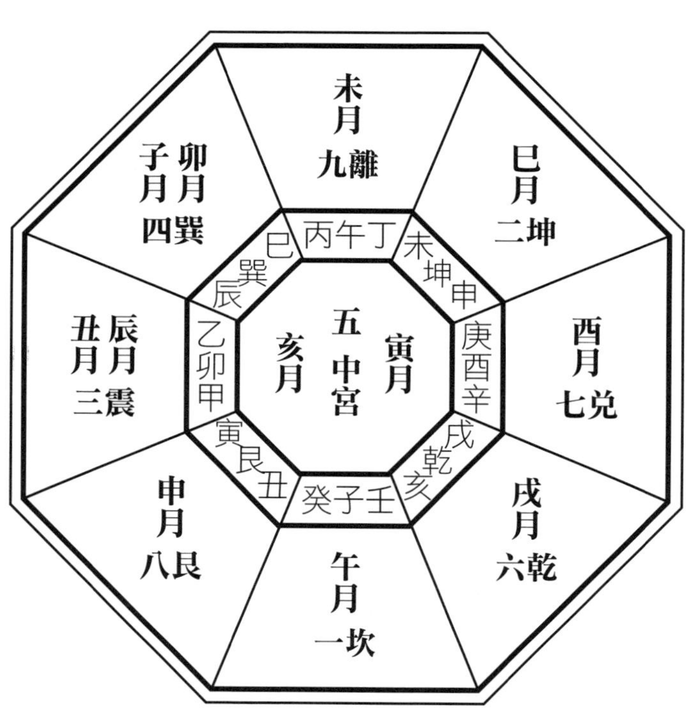

「大月建」在寅、申、巳、亥之年，以正月（寅月）二數，起坤宮（西南方），依洛書之數逆推九宮各方位，即：

寅月——坤宮——二數
卯月——坎宮——一數
辰月——離宮——九數
巳月——艮宮——八數
午月——兑宮——七數
未月——乾宮——六數
申月——中宮——五數
酉月——巽宮——四數
戌月——震宮——三數
亥月——坤宮——二數
子月——坎宮——一數
丑月——離宮——九數

寅、申、巳、亥年大月建到宮圖表——繼大師作表

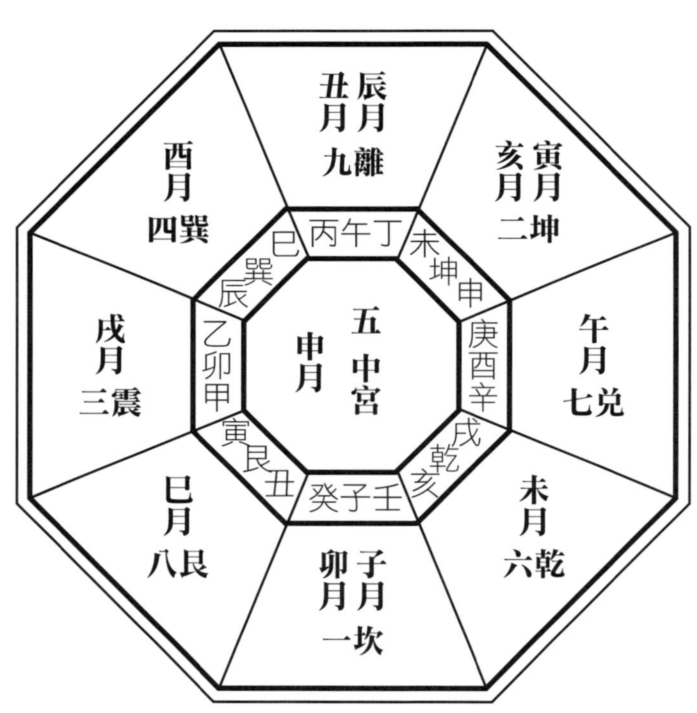


《本篇完》

# （十八）大小月建之化解法

繼大師

在修山、修方之月，如犯大月建，可用正五行擇日法化解之，最好有太陽到向或到三合方，或有太陰臨山，以化大月建煞，《選擇求真》內之《通書》（玄學出版社第三三九至三四〇頁）有曰：

**「大月建忌修方動土。小月建即小兒煞。止忌修方。用太陽祿馬三白九紫制之。」**

而在宗鏡有曰：**「大月建尤凶。不可制。造葬皆忌。通書遷葬不載者非。」**

在《選擇求真》卷十〈大月建小月建總論〉一文中，撰者胡暉先生經分析而定論說：

**「通書之說。是宗鏡據俗術之。妄說謂大月建。主傷宅長。小月建。主傷小兒。……而反詆通書。不忌安葬為非。實是過當。」**

又說：**「且太歲三煞。亦或止忌山。或止忌向。或止忌方。安有山方中宮。只占一處。遂無往不忌之理乎。」**

胡暉先生駁斥宗鏡意謂，何以大月建占山、占方、占中宮皆不宜動土呢？而太歲、三煞只是占一方，或廿四山中之一山（歲破方或太歲方，指向及坐山），只占一處而忌動土修方，兩者比較下，豈不是月建之煞比三煞、歲破還凶一些，絕不合理也。

胡暉先生又曰：**「疊戊己五黃或入中宮。則不可犯。餘月則有貴人祿馬六德三奇到方。便可自修。如太歲疊吉星。則吉是也。」**

當筆者繼大師在學習正五行擇日時，恩師 呂克明先生一再強調，太歲臨山可修山修方，但唯一條件，是太歲方有吉星加臨即可。這即是：

太歲疊吉星則吉 ── 如一、六、八、九紫白年、月星，或本命及流年祿馬貴人飛臨。

太歲疊凶星則凶 ── 如二、五紫白年、月星及大小月建凶星齊到等。

明白此道理，則擇日可得心應手。現舉一例說明化解大小月建之法。

有祭主己未年命人，在戊子年（二〇〇八年）農曆七月（申月），重修申方（西南方）

或申山。

查戊子年（二〇〇八年）申月，大小月建同到坤宮（未坤申山）西南方位，是犯大月建及小月建之煞。

現擇於戊子年（二〇〇八年）陽曆九月一日辰時化解之，日課四柱如下：

戊子　年
庚申　月
甲辰　日
戊辰　時

繼大師認為其好處如下：

（一）日課天干甲、戊、庚是天上三奇貴格，三奇之貴人全到未命祭主。

（二）日課地支申、子、辰三合水局，與重修之「申山」合。

（三）祭主己命之貴人在日課之三、月支「申」、「子」支上，日課之日主「甲」與「己」命合土。

（四）祭主己命之祿在午而沖日課地支三合水局之「子」，是沖祿格。

（五）祭主己命之貴人到重修之方「申」山上，三者之配合大吉。

以上之日課是用三奇八節中之天上三奇甲、戊、庚及地支申、子、辰三合水局化解大小月建，為求進一步徹底化煞，可使用太陽星到修方或修山之三合方化解大小月建。

查戊子年，庚申月，甲辰日，戊辰時，日課申月剛過立秋及處暑，還有七天就交白露（酉月），查太陽星在處暑後於早上八時五十六分（辰時）到辰山方，而在白露時於早上八時卅六分（辰時）到辰山方，依比例計算，太陽星於日課之甲辰日早上八時四十六分（辰時）到辰山方，則好「辰方」與重修之「申山」成三合水局方，是：

（一）太陽星到重修坐山之三合方以化大小月建煞。

（二）日課是陽曆二〇〇八年九月一日上午八時四十六分正

在《選擇求真》（玄學出版社第七十四頁）《七政四餘總論》《太陽》中有云：

**「太陽為萬宿之主。諸星之宗。號星中天子。有人君之象。至尊至貴。照臨萬方。善宿遇之而增輝。惡曜逢之而斂伏。到山到向到方。大可修造安葬。然到向為上。到方次之。到山又次之。」**

所以用太陽星化解大小月建是綽綽有餘，加上天上三奇貴人及日課三合水局諸吉星，定能邀福無疑。

《本篇完》

# （十九）班煞日及楊公忌日的禁忌

繼大師

當擇日造葬或安碑，其日子已定，但發現在通勝上印有「班煞」，或「楊忌」（即楊公忌日），首先我們要知道它的來源及原理。

「班煞」的「班」指「魯班」，指可以沖尅魯班先師的煞，魯班字依智，又名公輸班，春秋末代人，是建築、設計及風水的專家，發明了很多經典的工具及建造技術，被喻為建築及裝修界的祖師爺。

通勝中的「班煞」，口訣為：**「春子秋午。夏卯冬酉。」**取天地四正「子、午、卯、酉」剛強之氣為地師之煞。列之如下：

（一）春——在「子」日，農曆正月、二月、三月。

（二）夏——在「卯」日，農曆四月、五月、六月。

（三）秋——在「午」日，農曆七月、八月、九月。

（四）冬——在「酉」日，農曆十月、十一月、十二月。

以 2016 年為例，2月4日立春後計算，為丙申年農曆大年初一起，至農曆十二月卅日止，即 2016 年2月8日至 2017 年1月27日，班煞日（以陽曆計算）列之如下：

春天農曆正月（2016-2-4 立春～庚寅月）——2016-2-12 甲子日，2016-2-24 丙子日。

農曆二月（辛卯月）——2016-3-7 戊子日，2016-3-19 庚子日，2016-3-31 壬子日。

農曆三月（壬辰月）——2016-4-12 甲子日，2016-4-24 丙子日。

夏天農曆四月（2016-4-5 立夏～癸巳月）——2016-5-9 辛卯日，2016-5-21 癸卯日，2016-6-2 乙卯日。

農曆五月（甲午月）——2016-6-14 丁卯日，2016-6-26 己卯日。

農曆六月（乙未月）——2016-7-8 辛卯日，2016-7-20 癸卯日，2016-8-1 乙卯日。

秋天農曆七月（2016-8-7 立秋～丙申月）——2016-8-16 庚午日，2016-8-28 壬午日。

農曆八月（丁酉月）——2016-9-9 甲午日，2016-9-21 丙午日。

農曆九月（戊戌月）——2016-10-3 戊午日（通勝欠寫），2016-10-15 庚午日，2016-10-27 壬午日。

冬天農曆十月（2016-11-7 立冬，己亥月）—— 2016-11-11 丁酉日，2016-11-23 己酉日，2016-12-5 辛酉日。

農曆十一月（庚子月）—— 2016-12-17 癸酉日（通勝欠寫）。

農曆十二月（辛丑月）—— 2016-12-29 乙酉日，2017-1-10 丁酉日，2017-1-22 己酉日。

至於「楊公忌日」，相傳為唐、楊筠松風水祖師，根據廿八星宿輪值而定出，全年為十三天，七月有兩天，其餘每月一天，列之如下：

正月十三　二月十一　三月初九　四月初七　五月初五　六月初三　七月初一　七月廿九

八月廿七　九月廿五　十月廿三　十一月廿一　十二月十九

若適逢「班煞」及「楊忌」造葬用事，雖然「楊忌」中的廿八星宿在唐朝至今，其位置已經轉移了至少有五度以上，以筆者繼大師的愚見，風水師應該避重就輕，避開通勝上的「班煞」及「楊忌」日，免得沖犯地師自己，這是自保之法，可另擇良辰吉日，此乃權宜之計，君以為然否！于 2014（甲午年）陽曆 3 月 30 日，日課八字四柱為：甲午年，丁卯月，庚子日，甲申時（申時為出事時間 15:03），有一香港地師在肇慶造葬山墳時被活埋，除是歲破日之外，就是春天卯月的「子」日，正是「班煞日」，即是「殺師日」是也，日課的應驗，不可不信也。

《本篇完》

# （廿）男女結婚課例

繼大師

茲有男女欲於丙申（2016年）年尾結婚，雙方資料如下：

男家父親生年 —— 乙未年

男家母親生年 —— 丙午年

男新人出生八字：

丙寅　年
乙未　月
甲寅　日
庚午　時

胎元 —— 丙戌

命宮 —— 壬辰

女家父親生年 —— 丁亥年

女家母親生年 —— 甲午年

女新人出生八字：

丙寅　年
庚子　月
戊子　日
辛酉　時

胎元 —— 辛卯

命宮 —— 丙申

擇過大禮的日期為：陽曆 2016-10-26 (4:00pm)，日課四柱：

丙申　年

戊戌　月

辛巳　日

丙申　時

一般過大禮的日期，最好比結婚的日期早一個月左右，是比較適中。由於男女新人選擇結婚的日期，預算在陽曆 2016 年 11 月至 2017 年 1 月期間，而且首選星期五、六、日的日子，所以在選擇日期的時段上比較狹小，以上過大禮及結婚的日課，一般不擇於沖太歲之年，男女新人同生於丙寅年，天干雖相同，但地支正沖「申」，但因為是男女新人的意願，所以正合了他們在生辰八字裏的命運，地支沖太歲，未必全是壞事，以筆者繼大師的經驗，有時一沖即動，在沖太歲之年會有變化，如搬家、移民、轉工作、結婚……等，所以在選擇結婚日課上，要避重就輕。

這過大禮的日課，不屬於什麼大格局，只是取不沖他們父母及男女的生年、胎元及命宮就可以，日課分析如下：

（一）日課丙申年，戊戌月，「申、戌」拱「酉」支，酉為丙、丁年命人之貴人，拱貴也。（男母、男女二人及女父，均是「丙、丁」天干生年。）

（二）一般擇時辰，不擇相沖新人生年（男女均丙寅年生，沖丙申時。），正因為日課「辛巳」日，與「丙申」時，天干五合，地支六合水局，水能生旺「寅」木支，故日課不作個別「申」時支看，又女父「丁亥」年命，他並非主角，日課辛巳日與丙申時合水，故不作天尅地沖看。

（三）過大禮日課的丙申時，正是「貴人登天門時」（可查看繼大師著作《正五行擇日秘法心要》第七章 46 至 47 頁「貴人登天門時表」），為神藏殺沒四大吉時，六煞俱滅。

男、女雙方的上頭時間，擇於陽曆 2016-11-12 星期六晚上 11:15pm 上頭，（為方便早點休息，故取夜子時初。）日課四柱為：丙申年，己亥月，戊戌日，甲子時（夜子時）上頭。

結婚日課為陽曆 2016-11-13（星期日）（7:00-9:00am）8:00am 出門接新娘，日課四柱為：丙申年，己亥月，己亥日，戊辰時。

日課分析如下：

丙二三之貴人到亥月、亥日地支上，日課兩「亥」支生合「寅」命支戍六合木。

不過，最重要是註冊結婚的日課，四柱為：丙申年，己亥月，己亥日，庚午時（貴人登天門時），（11:00 - 13:00）12:00pm 註冊結婚，庚午時除是為「貴人登天門時」之外，還是兩月、日「己」干之祿，（己祿在午）。

晚上擺酒 8:00pm，四柱為：丙申年，己亥月，己亥日，甲戌時。

其實一般擺酒入席的時間是固定的，很難作出選擇，但在選擇月份方面可以調校，丙申年陽曆 2016 年 10 月 8 日至 11 月 6 日為「戊戌」月，冲「壬辰」男命宮，陽曆 2016年 12 月 7 日至 2017年 1月 4日為「庚子」月，冲男母「丙午」、女母「甲午」年命，2017 年 1 月 5 日至 2 月 2 日為「辛丑」月，冲男父「乙未」年命，又要指定在星期五、六、日內用事，故唯一選擇在「己亥」月。

我們選擇結婚日課，要盡量避開冲剋男女方各人年命，以日柱為首，月柱、時柱、年柱次之，以男女新人註冊結婚的日子為首要，選擇一個好時辰即可，並非所有時辰都是吉利，最重要當日是好日子，沒有冲剋各人，這些都是擇日的經驗口訣，熟玩自能知曉。

《全書完》

# 後記

繼大師

當此《正五行擇日精義進階》完成後，本欲把所有流年、流月、流日及流時之紫白飛星尋法及真訣公開，並增添在此書本後頁，後來發覺《紫白訣》所論及的範圍很多，可以寫一本專論「紫白飛星、紫白訣與沈氏玄空之關係、沈氏玄空辨正及紫白真訣使用法」之書，但以古人學理及搜集資料上而言，極需要使用大量時間整理。

而師傳之三元玄空大卦真訣已與清、沈氏玄空之法互相混淆，真假難分，若此書一出，必然引起術數界之驚懼，毀譽齊來，是斷人財路，必惹是非，但筆者繼大師本著「術數求真」之心情而著書，並不強調自己所學一定是真，別人是假，只是百花齊放，而清者自清，濁者自濁，信與否，但憑個人因緣。

原本想寫《紫白沈氏玄空辨正》一書，但筆者早已完成《紫白精義全書》，亦毋須再寫一書去與《沈氏玄空》作出辨正，若當《紫白精義全書》出版後，讀者可自行分辨，此亦關係到學習者的信念問題，故不會寫《紫白沈氏玄空辨正》，期待各擇日群書及《紫白全書》，能早日與各讀者見面。

繼大師寫於香港明性洞天

乙未仲春吉日

《全書完》

# 正五行擇日教科書系列 — 正五行擇日精義進階

出版社 ： 榮光園文化中心 Wing Kwong Yuen Cultural Center
香港新界葵涌大連排道31-45號, 金基工業大廈12字樓D室
Flat D, 12/F, Gold King Industrial Building,
35-41 Tai Lin Pai Road, Kwai Chung, N.T., Hong Kong
電話 ： ( 852 ) 6850 1109
電郵 ： wingkwongyuen@gmail.com

發行 ： 香港聯合書刊物流有限公司 SUP Publishing Logistics (HK) Limited
地址 ： 香港新界大埔汀麗路36號中華商務印刷大廈3字樓
3/F, C&C Building, 36 Ting Lai Road, Tai Po, N.T., Hong Kong
電話 ： ( 852 ) 2150 2100
電郵 ： info@suplogistics.com.hk
印刷 ： 印象設計印刷有限公司
Idol Design & Printing Co. Ltd.
版次 ： 2016年7月 第一次版

ISBN 978-988-13442-0-5